디지털 시민성의 조건:
융합적 관점과 연구 사례

이 저서는 2021년 대한민국 교육부와 한국연구재단의 지원을 받아 제작되었습니다.
(과제번호: NRF–2021S1A5C2A02088387)

디지털 시민성의 조건:
융합적 관점과 연구 사례

금희조 | 임인재 | 윤준섭 | 박윤정 | 김소영 | 정민웅 | 박현지 | 전은미 | 김지현

CIVILITY

NETWORK

CONTENT

MOBILE

COMMUNITY

성균관대학교
출판부

디지털 시민성의 조건:
융합적 관점과 연구 사례

디지털 전환시대를 맞아 융·복합 미디어를 통한 커뮤니케이션 과정에서 인문사회적 가치가 훼손되는 다양한 사례가 발생하고 있습니다. 악성 댓글, 허위 정보, 혐오 표현 등 디지털 커뮤니케이션의 반시민성 사례는 나열하기 힘들 정도로 수없이 많습니다. 본 총서는 디지털 미디어상에서 인간적 커뮤니케이션의 회복을 위해서 문제를 융합적 관점에서 토론하고, 다학제적 이론 연구를 통해 학술적 이해를 제공하고, 다양한 방법론을 통해 원인과 결과를 분석하는 과정의 초석을 제공하기 위해 기획되었습니다. 본 총서가 융합적, 멀티 방법론적 연구의 기반을 마련하는 데 기여하고, 디지털 시민성 증진을 위한 문제해결형 AI 알고리즘 개발 등 창의적 개입을 가능하게 하고, 공동체 건강과 가치를 회복하는 데 도움이 될 것으로 기대합니다.

디지털 커뮤니케이션 시민성/반시민성에 관한 심도 깊은 이해를 위해서는 인간/정치 커뮤니케이션학, 테크놀로지 효과 전공, 언어학, 문화/비판 연구 분야를 포괄하는 다학제적 접근 논의가 필요합니다. 방법론에 있어서도 담론/텍스트 의미 분석, 실험 연구, 장기 패널 연구, 머신러닝을 통한 자연어 처리, 빅데이터 분석 등 다양한 분야의 방법론적 접근을 효과적으로 통합할 필요가 있습니다. 구체적으로, 디지털 플랫폼에서 일어나는 커뮤니케이션 빅데이터를 머신러닝, 자연어 처리 등으로 분석하면 시민성/비시민성의 다양한 층위, 스펙트럼과 정도를 식별, 분류하는 모형의 기반을 제공할 수 있습니다. 다른 관점에서 인과관계를 밝히고 이론적 모형을 검증하기 위해서는 전통적인 사회과학 방법론인 실험, 패널 설문 조사 등을 이용하여 디지털 시민성/반시민성이 왜 나타나는지, 그 결정 요인을 밝히고 모형화할 수 있습니다. 또한, 전반적 패턴으로 이해하기 힘든 개인 메시지 혹은 이용자에서 나타나는 반시민성의 의미와 담론 분석을 위해서는 질적 연구방법론의 활용이 필수적입니다.

본 저서는 디지털 시민성/반시민성에 관한 융합적 관점과 연구 사례를 총 8장으로 구성했습니다. 1장부터 3장까지는 디지털 커뮤니케이션의 시민성/반시민성을 개념화하고 측정, 식별하기 위한 방법론들과 기초 과정을 제안했습니다. 4장부터 8장까지는 다양한 관련 주제에 대한 다학제적 이론과 연구 사례들을 소개하였습니다.

먼저 1장은 디지털 커뮤니케이션 시민성/반시민성을 학문적으로 개념화하고 과학적 척도를 개발하기 위한 사전 과정으로 전문가 대상 델파이 조사의 진행 과정을 기술하였습니다. 2장에서는 선거 과정에서 나타난 뉴스 온라인 댓글의 반시민성에 대한 양적 내용 분석을 실시하고 기술적 데이터를 통해 그 실태를 보고하였습니다. 이 내용 분석 코딩 결과를 기반으로, 3장은 머신러닝 기법을 활용하여 댓글 자연어 데이터에서 반시민성을 검출해내는 과정과 방법을 제안하였습니다.

4장에서는 인공지능 저널리즘 현상을 소개하고, 그 과정에서 언론의 시민성 훼손과 기자 신뢰도에 미치는 영향에 관해 연구 사례를 기술하였습니다. 5장은 디지털 커뮤니케이션 반시민성의 대표적인 형태인 사이버 불링과 사회 규범의 관계에 대해 다양한 이론적 관점과 연구 사례를 통합적으로 분석하였습니다. 6장은 사이버 공간에서 MZ세대의 시민성/반시민성과 관련되는 요인을 도출하기 위한 설문 조사 방법을 제안하며 부정적 영향의 예방 및 개입에 기여할 기초적인 자료를 제공하고자 하였습니다. 7장에서는 SNS 이용자들이 사건 사고의 피해자들에 대해 사회적 지지를 보내고 도덕성을 평가하는 과정에서 나타나는 시민성/반시민성의 연구 사례를 다양한 심리학의 이론적 관점을 통해 해석하였습니다. 마지막으로 8장에서는 정체성 정치의 위기를 맞아 디지털 시민성의 지향 방향에 대해 비판 이론적 관점에서 해석과 실천 방안을 제시하고자 했습니다.

본 저서를 위해 다양한 이론적, 방법론적 관점을 제시해주시고 융합적 논의를 함께 해주신 8명의 저자 임인재, 윤준섭, 박윤정, 김소영, 정민웅, 박현지, 전은미, 김지현 선생님께 감사드립니다. 저서의 편집과 출판 과정에 도움을 주신 성균관대학교 출판부와 인문사회 연구소 지원사업을 통해 지원해주신 한국연구재단에도 고마움을 전합니다.

2022년 8월, 저자를 대표하여

금희조

차례

01

반시민성 척도 개발을 위한 델파이 조사

임인재

연구의 배경

　최근 코로나바이러스감염증(COVID-19, 이하 코로나19)으로 인해 디지털 미디어 및 플랫폼을 통한 비대면 커뮤니케이션이 증가하고 있다. 이에 따라 온라인 공간에서의 혐오 표현도 늘어나게 되었으며 이로 인해 시민 사회의 구성원들 사이에서 갈등도 심화되고 있다. 이제 온라인에서의 혐오 표현은 특정 공간에서의 적대적인, 모욕적인 표현의 차원을 넘어서 좀 더 포괄적인 개념으로서 다루어질 필요가 있다. 우리가 혐오 표현이라고 일컫는 이 문제는 현재 다양한 유형으로 우리 사회에 광범위하게 부정적인 영향을 미치고 있기 때문이다.

　이에 본 연구진은 혐오 표현뿐만 아니라 악성 댓글, 가짜 정보 등 온라인 공간에서 발생하는 문제적인 표현, 행동 그리고 정보 등을 모두 포함하는 것을 '디지털 커뮤니케이션 반시민성(digital communication incivility, 이하 DCI)'이라고 명명하고자 한다.

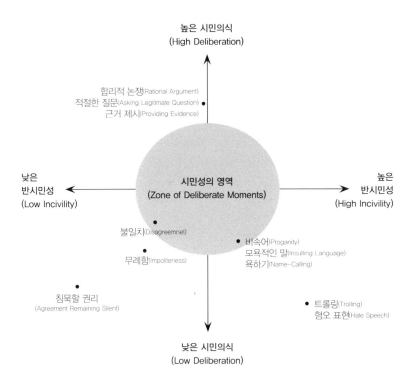

〈그림 1〉 반시민성과 시민성의 영역에 대한 개념적 모델
(Chen, 2017, 85쪽 발췌 및 재구성)

선행 연구들의 논의를 검토해보면, DCI는 온라인 미디어를 통한 다양한 상호작용에서 나타나는 반(反)규범적인 언행으로, 특정 개인 및 집단에게 해를 끼칠 수 있는 문제적인 성향 및 소통 태도이다(Coe, Kenski, & Rain, 2014; Kenski, Coe, & Rain, 2020). 구체적으로 반시민성은 온라인 공간에서의 혐오 표현(hate speech), 공격적인 언행(offensive speech)

으로 규정돼왔으며, 사이버 불링(cyberbullying), 플레이밍(flaming) 등도 반시민성과 유사한 개념으로 언급되기도 하였다(Rossini, 2020). 기존 연구들은 이러한 내용을 바탕으로 반시민성 연구를 진행해왔다. 그러나 이 연구들은 혐오 표현, 사이버 불링, 플레이밍 등 한 가지 개념을 중심으로 개별적인 연구를 해왔다고 할 수 있다. 따라서 본 연구진은 온라인 공간에서 발생하는 모든 문제적인 커뮤니케이션을 DCI 개념에 포함시키는 것이 필요하며, 이 개념을 토대로 DCI를 정량적으로 측정할 수 있는 척도가 필요하다고 판단하였다.

일부 해외 연구에서 디지털 커뮤니케이션 반시민성에 관한 척도를 과학적으로 개발한 사례가 있다(Rossini, 2020). 그러나 이러한 척도들은 영어로 된 디지털 미디어 메시지에 대한 내용 분석 및 추적 알고리즘 개발을 위한 측정 도구에만 그치는 경우가 많았다. 국내의 교육학 영역에서 디지털 시민성(citizenship) 척도 개발을 진행한 연구가 다수 있기는 하지만(예: 임영식·정경은, 2019), 이 연구들은 커뮤니케이션 분야에 연구의 중심을 두지 않았다. 때문에 이 척도로 DCI를 측정하는 것은 분명 한계가 있을 가능성이 있다.

한편, 마이크로소프트사(MS) 같은 온라인 미디어 업계는 이용자 관점에서 DCI 문제의 심각성을 인식하고 디지털 시민성 지수(digital civility index)를 개발하였다. 이 지수를 바탕으로 MS사는 매년 세계적으로 디지털 시민성에 대한 설문 조사를 실시하고 있다. 그러나 MS사의 지수는 이론적인 근거가 부족하다고 평가되고 있다. 따라서 메시지 분석과 함께 이용자의 커뮤니케이션 패턴에 얼마나 반시민성이 포함되어 있는지 정량적으로 측정할 수 있는 척도가 필요하다고 볼 수 있다. DCI를 지속적으로 관찰하고 분석하기 위해서는 우선 DCI에 대한 학술적인 개념 정리가 필요하며 이를 바탕으로 반시민성을 조작화하는 것이 필요하다. 그리고 이 조작화에 대한 신뢰도와 타당도를 검증하고 이에 따른 DCI 척도를 개발하는 것이 필요할 것이다.

온라인 혐오와 분노를 심리학적 관점에서 탐구한 연구들에 따르면, 비인간화(dehumanization), 집단적인 비난(collective blame), 암묵성 및 명시성(implicit/explicit) 등은 DCI의 구성 요인이 될 수 있다(Bruneay, Hameiri, Moore-Berg, & Kteily, 2020). 이러한 논의를 토대로 본 연구진은 이론적이며 과학적인 DCI 척도를 개발하고자 한다.

이러한 연구 목적을 실현하기 위해 본 연구진은 기존 연구들의 논의를 검토해 DCI를 '개인에 대한 표현적인 차원(이하 표현 차원)', '집단에 대한 혐오 표현 차원(이하 혐오 차원)', '행동적인 괴롭힘 차원(이하 행동 차원)' 등 총 세 가지 하위 차원으로 분류하였다. 그리고 이러한 하위 차원의 분류가 타당한지 검증하기 위해 전문가를 대상으로 델파이 조사를 진행하였다. 본 연구진이 개발한 척도들이 내용적인 측면, 구성적인 측면 등에서 타당한지 확인하기 위해 델파이 조사를 진행한 것이다. 이 장에서는 DCI 척도 개발을 위해 진행한 델파이 조사에 대해 상세하게 서술하고자 한다. 구체적으로 DCI의 하위 차원에 대한 상세한 정의, 이 하위 차원의 적합성을 도출하기 위한 델파이 조사의 과정, 그리고 델파이 조사의 결과들에 대해 소개하고자 한다.

반시민성 관련
기존 연구들의 분류

앞서 언급한 대로 본 연구진은 DCI의 하위 차원을 표현 차원, 혐오 차원, 행동 차원 등 세 가지로 분류하였다. 이 차원들에 대해 기존 연구들이 어떻게 정의를 했는지 살펴보면 다음과 같다.

첫째, 표현 차원은 온라인 이용자가 메시지를 전달할 때, 어떠한 언어를 사용해 반시민성을 표현했는가에 대한 것이다. 내용 분석을 통해 온라인상의 반시민적 표현을 다섯 가지로 분류한 한 연구(Kenski, Coe, & Rains, 2020)에 따르면, 욕하기(name-calling, 예: 뚱땡이, 멸치 등 특정 대상에 대한 인신공격성 표현), 저속한 표현(vulgarity, 예: 빌어먹을, 제기랄, 뒈져라 등과 같은 저주스러운 말), 거짓말이라고 폄하(lying, 예: '당신의 아이디어는 거짓말이다' 등 다른 사람이 정직하지 않다고 무조건 비난), 조롱하는 말투(pejorative for speech, 예: '놀고 있네'와 같은 비아냥거리는 말), 특정 아이디어에 대한 비방(aspersion, 예: 쓰레기 같은 정책) 등은 표현 차원의 반시민성이라고 할 수 있다.

〈그림 2〉 척도에 대한 타당성 및 신뢰성을
검증하기 위해 델파이 조사가 활용된다

둘째, 집단에 대한 혐오 표현 차원은 지금까지 많은 선행 연구들이 탐구해온 혐오 표현과 그 맥락을 같이한다. 본 연구진이 제시한 혐오 차원은 집단 간 커뮤니케이션 상황에서 정중함의 규범(norm)을 위반하는 것으로 성별, 연령, 정치적 성향, 성정체성, 종교, 장애 여부 등 그 집단의 고유한 특성을 토대로 공격적이고 혐오적인 언행을 하는 것을 의미한다(Chen, 2017; Quant, 2018).

온라인 공간에서 혐오 표현의 대상자를 탐구한 기존 연구를 살펴보면, 사회적 약자(예: 여성, 노인, 장애인, 성적 소수자), 외국인(예: 조선족, 이주여성, 이주민 등), 특정 지역(예: 경상도, 전라도 등), 사건 사고의 피해자(예: 감염병 확진자, 세월호 유가족, 성폭행·성추행 피해자 등) 등으로 혐오 표현의 대상자가 분류되었다(홍주현·나은경, 2016). 이 연구는 인터넷이 발달하면서 혐오 표현의 대상이 지역을 기준으로 한 특정 집단, 다문화가정, 조선족, 재일 교포 등과 같은 민족 기반의 대상뿐만 아니라 사건, 사고의 피해자까지도 확대되고 있다고 제시하였다. 그리고 포털 사이트(예: 네이버)의 악성 댓글을 분석한 연구에 따르면(이신행, 2021), 온라인 공간에서의 혐오 표현은 낙인 이론에 근거해 특정 집단에 부정적인 이름 붙이기(라벨링), 자기 집단과 분리하기, 조롱하기, 욕설하기, 스테레오타이핑 등의 방법으로 진행된다. 이들 연구들은 온라인 혐오 표현의 대상자는 지속적으로 늘어나고 있으며 혐오 표현을 하는 방법 또한 다양화되고 있기 때문에, 혐오 표현을 다양한 차원으로 확대해 연구해야 한다고 강조하였다.

온라인 공간에서의 반시민성을 공격적인 언행 및 혐오적인 언행으로 구분한 한 연구를 살펴보면, 공격적인 언행은 누군가를 조롱, 공격, 모욕, 학대하는 내용으로 메시지를 전달하는 것이며, 혐오적인 언행은 상대방이 특정 집단에 속해 있다는 이유만으로 공격을 하는 것이다(Frischlich, Schatto-Eckrodt, Boberg, & Wintterlin, 2021). 공격적인 언행에는 직접적으로 자신이 공격의 대상자가 되는 것(예: 혐오 표현의 희생자가 되는 것)과 누군가로부터 공격당하는 타인(예: 일반인뿐만 아니라 기자, 정치인 등 유명인도 포함)을 내가 관찰하는 것 등도 포함된다. 혐오적인 언행은 모욕적인 표현의 메시지를 전달하는 것과 구별되는 성별, 연령, 성정체성, 피부색, 종교, 국적, 정치 성향, 종교, 난민과의 관계 등을 바탕으로 특정 집단에 속해 있는 사람을 공격하는 것을 통해 측정될 수 있다.

이와 함께 이 연구는 모욕적인 언어 표현 차원, 혐오 표현과 구별되는 행동적인 차원도 반시민성에 포함되어야 한다고 강조하고 있다. 행동 차원의 반시민성을 '반시민적 참여(uncivil participation)', '어두운 참여(dark participation)'로 규정하고 측정 척도를 구성하였다(Frischlich, et al., 2021). 예컨대, 반시민적 행동을 측정하기 위해 '지난 3개월 동안 온라인상에서 누군가를 조롱, 모욕, 학대, 위협하는 댓글을 얼마나 자주 달았습니까' 등 문항으로 질문을 했다. 이와 함께 '반시민적 콘텐츠에 대해 '좋아요 누르기 등 하기', '반시민적 콘텐츠 공유하기', '반시민적 콘텐츠 생산하기' 등을 중심으로 행동 차원의 반시민성을 측정하기도 하였다.

한편, 반시민성은 사이버 불링, 플레이밍과도 유사하다고 할 수 있다(Festl, Scharkow, & Quandt, 2015). 많은 선행 연구들이 사이버 불링을 '인터넷상황에서 자기 자신을 쉽게 방어할 수 없는 개인에게 지속적이고 반복적으로 의도적인 공격적 행동을 하는 것'이라고 정의하고 있다(예: Festl et al., 2015). 사이버 불링은 온라인을 통해 타인을 모욕하고, 위협하고, 희롱하고, 괴롭히는 것이라고 할 수 있으며 이와 같은 행동은 텍스트형 메시지, 이메일, 채팅룸, 인스턴트 메시지, 웹사이트,

소셜 미디어 등을 통해 광범위하게 발생할 수 있다. 사이버 불링의 가해자는 온라인 미디어를 통해 피해자를 괴롭히고 악의적인 소문을 퍼트릴 뿐만 아니라 모욕을 주며, 심지어 피해자를 향해 죽이겠다는 위협까지 한다(Stewart, Drescher, Maack, Ebesutani, & Young, 2014).

　기존 연구들은 사이버 불링의 피해자(victim)와 가해자(perpetrator)로 나누어 사이버 불링에 관한 척도를 구성하였다. 사이버 불링의 피해자는 사이버 불링을 통해 직접적인 피해를 경험한 사람들을 의미하며, 사이버 불링의 가해자는 자신이 타인에게 직접적으로 사이버 불링을 한 사람들을 의미한다. 가해자에 관한 측정 척도는 '나는 지난 6개월 동안 온라인에서 누군가에게 모욕적이고 위협적인 메시지를 보낸 적이 있다', '나는 지난 6개월 동안 온라인에서 다른 사람을 위협하거나 공격하기 위해 온라인 댓글을 활용(예: 악플 달기)한 적이 있다' 등으로 구성된다. 피해자에 관한 측정 척도는 '나는 지난 6개월 동안 온라인상에서 모욕적이고 위협적인 메시지를 받은 적이 있다', '나는 누군가가 나에 대한 민감한 사진이나 동영상을 업로드해 피해를 당한 적이 있다' 등으로 구성되어 있다(Festl et al., 2015).

〈그림 3〉 사이버 불링은 다양한 온라인 미디어를 통해 광범위하게 발생한다

DCI의 세 가지 하위 차원

본 연구진은 이러한 선행 연구들의 논의를 종합해 DCI를 구성하는 하위 차원들을 〈표 1〉과 같이 분류하였다. 구체적으로 '개인에 대한 언어적 표현 차원의 반시민성', '집단에 대한 혐오 표현 차원의 반시민성', '행동적 괴롭힘 차원의 반시민성' 등 세 가지로 분류하였다. 표현 차원은 '디지털 커뮤니케이션 환경에서 특정 개인 및 집단을 향해 모욕, 비방, 욕설, 저속한 표현 등 언어적으로 반시민적인 표현을 하는 것'으로 규정하였다. 행동 차원은 '디지털 커뮤니케이션 환경에서 특정 개인 및 집단을 향해 모욕, 혐오, 위협적인 비언어적 표현 행위를 지속적이고 반복적으로 하는 것'으로 정의하였다. 혐오 차원은 '디지털 커뮤니케이션 환경에서 특정 집단의 고유한 특성(예: 성별, 연령, 지역, 국적 및 인종, 종교, 성정체성, 정치적 성향, 장애 여부 등)을 근거로 혐오적인 표현 및 행위를 하는 것'으로 정의를 했다.

구체적으로 표현 차원은 욕하기, 비난, 거짓말이라고 폄하, 음란한 표현, 경멸적이고 공격적인 어조로 나누었으며, 혐오 차원은 성별, 지역, 국적 혹은 인종, 종교, 성정체성, 정치적 성향, 장애인 등 집단을 근거로 한 혐오로 구분하였다. 행동 차원은 모욕적인 메시지 전달하기, 특정 개인 및 집단에 대한 모욕적인 사진 및 동영상 업로드하기, 특정 개인에 대한 악의적인 소문 퍼뜨리기, 타인에 대한 위협 목적으로 텍스트, 이미지, 동영상 등을 타인에게 전송 및 온라인상 게시하기, 가짜 아이디를 활용해 타인에게 위협적인 메시지 보내기, 나의 위협적이고 공격적인 언행을 온라인상 공개적으로 게시하기, 특정한 개인 정보를 본인의 동의 없이 수집, 배포, 게시하기 등 가해자의 측면에서 반시민성과 관련된 행위를 하는 것으로 구분하였다.

〈표 1〉 디지털 커뮤니케이션 반시민성 하위 요인

구성 요소	유형	의미
개인에 대한 언어적 표현 차원 반시민성	욕하기(name-calling)	디지털 커뮤니케이션 환경에서 특정 개인 및 집단을 향해 모욕, 비방, 욕설, 저속한 표현 등 언어적으로 반시민적인 표현을 하는 것
	비난(aspersion)	
	거짓말이라고 폄하(lying)	
	음란한 표현(vulgarity)	
	경멸적이고 공격적인 어조 (pejorative for speech)	
행동적 괴롭힘 차원 반시민성	행동적으로 상대방을 괴롭히는 것	디지털 커뮤니케이션 환경에서 특정 개인 및 집단을 향해 모욕, 혐오, 위협적인 비언어적 표현 행위를 지속적이고 반복적으로 하는 것

집단에 대한 혐오 표현 차원 반시민성	헤이트 스피치 (hate speech)	디지털 커뮤니케이션 환경에서 특정 집단(예: 성별, 연령, 지역, 국적 혹은 인종, 종교, 성정체성, 정치 성향, 장애인 등)의 고유한 특성을 근거로 혐오적인 표현 및 행위를 하는 것

델파이 조사의 진행

　본 연구진은 선행 연구들의 검토를 통해 도출한 반시민성의 하위 차원과 이에 따른 설문 문항들의 타당성을 검토하기 위해 델파이 조사를 진행하였다. 델파이 조사는 전문가를 대상으로 연구 주제에 대해 반복적인 설문을 하는 것으로, 불확실한 미래에 대해 전문가들의 직관을 종합하는 조사 방법이다(김영욱·김광호, 2010). 이 조사는 전문가들의 경험, 식견, 직관을 통해 연구 주제에 대한 합의점을 도출하며, 한 사람의 의견보다 두 사람의 의견이 더 정확할 수 있다는 것을 전제로 한다(이종영·김동윤, 2022). 델파이 조사는 전문가들의 의견을 근거 자료로 활용하며(김경희·김광재·이숙정, 2019), 특히 어떤 분야에 대해 정보가 부족해 연구 문제 및 가설에 대한 탐색적 연구를 진행해야 할 때 유용하게 활용된다(박혜영, 2019). 델파이 조사의 과정을 살펴보면, 우선 비대면으로 전문가를 대상으로 설문을 진행한다. 설문 결과를 종합해 연구진이 결과를 도출하고, 이 결과를 응답자에게 알려주고 자신의 의견을 수정할 기회를 준다. 응답자는 다른 사람들의 의견을 검토하고 다시 자신의 의견을 제시한다(김영욱·김광호, 2010). 델파이 조사에는 전문가의 의견을 개방형으로 물어보는 질적인 방법뿐만 아니라 통계적 방법도 활용된다. 연구자가 측정하고자 하는 구성 요소 및 설문 문항에 대한 적합도를 측정할 때 통계적 기법이 활용될 수 있다.

델파이 조사에 참여하는 전문가들은 연구 주제에 관한 전문적인 식견과 소양을 갖추고 있어야 한다. 또한 이들은 여러 차례에 걸쳐 설문에 참여할 수 있는 책임감과 시간적 여유도 있어야 한다(김경희 외, 2019). 선행 연구들은 델파이 조사의 참가자는 10~300명 정도가 적정하다고 제시하였다(박혜영, 2019; Webler, Levin, Rakel, & Renn, 1991).

척도 개발과 관련한 델파이 조사는 다음과 같이 진행될 수 있다. 우선 연구진은 선행 연구들을 검토해 연구 주제에 맞는 설문 문항들을 선정하고 이를 바탕으로 설문지를 구성한다. 그리고 연구 주제와 관련된 전문가들을 조사 참가자로 선정한다. 이들에게 구조화된 설문지를 제공하고 이에 대한 답변을 받는다. 익명성을 토대로 전문가들의 예측, 판단을 반복적으로 피드백하여 예측 결과를 도출해낸다(김경희 외, 2019). 이러한 과정을 통해 설문 문항에 대한 조사 참여자들의 합의를 이끌어낸다.

이러한 점을 참고로 하여, 본 연구진은 DCI 척도 개발에 관한 1차 델파이 조사를 2022년 5월에 진행하였다. 선행 연구들을 검토해 추출한 DCI 하위 차원 및 설문 문항에 대한 내용 타당도를 검증하기 위해

이 조사를 진행하였다. 델파이 조사에 앞서 본 연구진은 선행 연구들의 검토를 거쳐 추출한 50여 개의 설문 문항에 대한 사전 조사(n = 500)를 진행하였다. 사전 조사 결과를 바탕으로 탐색적 요인 분석을 실시하였으며, 이를 토대로 DCI를 표현 차원, 혐오 차원, 행동 차원 등으로 분류하였다. 그리고 이에 대한 델파이 조사를 진행하였다.

본 연구진이 선정한 전문가 집단은 다음과 같다. 온라인 혐오 표현에 관한 연구를 진행한 대학 교수 4명, 디지털 미디어 리터러시 및 혐오 표현에 대한 연구를 진행하는 공공연구소 박사급 연구원 5명, 디지털 미디어를 담당하고 있는 언론사 기자 1명, 온라인 혐오 표현 관련 연구를 수행 중인 기업 연구원 1명 등 총 11명이었다. 조사 대상자들에게 이메일로 연구의 목적 및 연구 내용을 간단히 소개했으며 각 문항에 대한 평가를 요청하였다. 답변 시간은 총 7일에서 10일까지로 하였다.

연구 목적에 대해서는 다음과 같이 서술하였다. "본 연구자는 '디지털 커뮤니케이션 반시민성(DCI)의 개념화 및 척도 개발'이라는 주제로 연구를 진행하고 있습니다. 본 연구에서는 디지털 커뮤니케이션 상황에서의 반시민성을 개념화하고 반시민성이 어떤 하위 요인으로 구성되어 있는지를 밝히고자 합니다"라는 내용으로 설명하였다. 본 연구진의 소속 및 이름도 명확하게 밝혔다.

조사 대상자들에게는 구체적으로 DCI 하위 차원에 대한 적합성, 요인 간 영역 내 혹은 영역 간 합리성 및 타당성에 대한 의견을 물었다. 이와 함께 개방형 질문으로 기존의 설문 문항에 추가로 들어가야 할 내용에 대해서도 문의하였다. 조사 대상자들은 연구자의 요청에 성실하게 응답한 후 이메일로 답변을 주었다.

델파이 조사를 통해 선정된 문항의 타당도는 내용 타당도, 수렴도, 합의도 등의 지표로 도출할 수 있다(박혜영, 2018). 본 연구진은 내용 타당도를 선택해 각 문항들의 타당도를 검증하였다. 내용 타당도에는 라쉬(Lawshe, 1975)의 내용 타당도 비율(content validity ratio, 이하 CVR)이 일반적으로 활용된다. CVR을 구하는 공식은 타당(적합)하다고 응답한 사례 수에서 전체 델파이 패널 수의 절반 값을 뺀 이후, 다시 전체 델파이 패널 수의 절반 값으로 나누는 것이다(Lawshe, 1975). CVR 값이 클수록 내용 타당도가 확보되었다고 할 수 있다. 보통 5점 척도로 적합도 관련 평가 조사를 진행한 경우 '4점 적절한 편이다', '5점 매우 적절하다'로 구성한다. 조사 대상자들이 각 문항에 대해 4점 혹은 5점을 평가한 경우를 계수하여 패널 수를 산출한다(박혜영, 2019). 본 연구진은 '1점 매우 적절하지 않다', '2점 적절하지 않다', '3점 보통이다', '4점 적절하다', '5점 매우 적절하다' 등 5점 척도로 응답을 구성하였다.

응답자 수에 따라 필요한 최소 CVR 값은 〈표 2〉와 같다(Lawshe, 1975). 전체 응답자 수가 5-7명이면 CVR은 0.99여야 한다. 8명이면 0.75, 9명이면 0.78, 10명이면 0.62, 11명이면 0.59, 12명이면 0.56, 13명이면 0.54여야 한다. 15명이 응답자일 때에는 0.49, 20명이 응답자일 때에는 0.42, 30명일 때에는 0.33, 40명일 때에는 0.29이다. 응답자 수가 많아질수록 CVR 최소 기준값은 낮아진다고 볼 수 있다.

본 연구의 델파이 조사 대상자는 총 11명이었다. 연구진이 구성한 하위 차원과 설문 문항에 대한 내용 타당도를 검증한 결과, 세 가지 구성 차원에 대한 CVR 값은 모두 0.59 이상인 것으로 나타났다. 이를 통해 본 연구진이 구성한 DCI의 하위 구성 차원과 이에 따른 문항들의 적합도는 적절하다고 볼 수 있다. 이러한 적합도 결과를 바탕으로 연구진은 세 개 하위차원에 대한 조작적 정의를 수정 보완했으며 설문 문항들도 수정보완하였다. 그리고 수정보완한 설문지를 다시 전문가들에게 검증을 받는 2차 델파이 조사를 진행하고자 하며, 델파이 조사를 통해 도출된 설문 문항을 종합해 일반인을 대상으로 하는 온라인 설문 조사를 실시할 예정이다.

〈표 2〉 전문가 패널 수에 따라 필요한 최소 CVR 값

전문가 패널 수(명)	CVR 기준값
5-7	0.99
8	0.75
9	0.78
10	0.62
11	0.59
12	0.56
13	0.54
14	0.51
15	0.49

01 반시민성 척도 개발을 위한 델파이 조사

20	0.42
25	0.37
30	0.33
35	0.31
40	0.29

출처: Lawshe, 1975

델파이 조사의 추가 의견

델파이 조사 참여자들은 문항 적합도를 점검하는 것과 동시에 다양한 추가 의견을 제시하였다. 예컨대, 집단에 대한 혐오 표현 차원에 '틀딱', '급식충' 등과 같은 '연령을 근거로 한 혐오 표현 관련 문항'이 포함되어야 한다는 의견(3번 패널)이 있었다. 행동적인 괴롭힘 차원에서는 반시민적 행위에 대한 '방관', '동조', '무관심'이 포함되어야 한다는 의견(9번 패널)이 있었으며, '팬덤을 근거로 한 헤이트 스피치'도 포함되어야 한다는 의견(5번 패널)도 있었다.

그리고 '욕', '비난', '폄하' 등 표현 차원에서 반시민성 강도(예: 반시민성 1점, 2점, 3점 등)를 묻는 문항이 추가되어야 한다는 의견(11번 패널)이 있었다. 일반인들이 지니고 있는 사회적 바람직성(social desirability)에 대한 편향성이 반시민성을 측정하는 데 있어 영향을 미칠 것이라는 의견도 있었다(1번 패널). 이에 따라 본 연구진은 조사 대상자들의 의견을 반영, 선행 연구들을 근거로 하여 관찰 차원의 반시민성(예: '내가 개입하지는 않았지만 특정 집단(예: 성별, 지역, 국적 혹은 인종, 종교, 성정체성, 정치 성향, 장애인 등)을 근거로 상대 집단을 향해 혐오적인 언행을 하는 것을 관찰하는 것')을 설문 조사의 문항에 포함시켰으며, 연령과 관련한 내용도 혐오 표현의 범주에 포함시켰다. 그리고 반시민성 강도를 묻는 문항들과 사회적 바람직성을 측정하는 문항들도 포함시켰다.

맺음말

디지털 커뮤니케이션 반시민성(DCI)은 현재 우리 사회에서 문제가 되고 있다. 디지털 미디어 및 플랫폼을 통해 커뮤니케이션하는 기회가 증가하면서 이에 따른 반시민적 표현 및 언행들도 함께 증가했기 때문이다. 현재 디지털 커뮤니케이션 상황에서의 반시민성은 사회 갈등의 요인이 되고 있다. 그래서 DCI를 해결하기 위한 방안 구축이 시급한 상황이다. 이에 본 연구진은 DCI를 해결하기 위한 방법으로 한국형 DCI 척도 개발 연구를 진행하였다. 그리고 척도 개발을 위한 하나의 과정으로 전문가를 대상으로 한 델파이 조사를 실시하였다.

1차 델파이 조사 결과, DCI 하위 차원으로 '개인에 대한 모욕적 언어 표현 차원', '행동적인 괴롭힘 차원', '집단에 대한 혐오 표현 차원'으로 분류한 것은 적합한 것으로 나타났다. 구체적으로 개인에게 욕하기, 비난하기, 거짓말이라고 폄하하기, 저속한 표현하기, 위협적인 어조로 표현하기 등은 표현 차원의 반시민성으로 적합한 것으로 나타났다. 그리고 성별, 지역, 국적 및 인종, 종교, 성정체성, 정치 성향, 장애 여부 등 집단의 고유한 특성을 근거로 상대 집단을 공격하는 것은 혐오 차원의 반시민성으로 적합한 것으로 도출되었다. 이와 함께 모욕적인 메시지 전달하기, 모욕적인 사진 및 동영상 업로드하기, 가짜 아이디를 활용해 타인에게 위협적인 메시지 보내기, 악의적인 소문 퍼뜨리기, 댓글 창을 활용해 타인을 공격하기 등은 행동 차원의 반시민성에 적합한 것으로 나타났다.

이 결과를 바탕으로 본 연구진은 2차 델파이 조사뿐만 아니라 일반인을 대상으로 설문 조사도 진행할 예정이다. 그리고 커뮤니케이션 분야에서 정량적으로 DCI를 측정할 수 있는 척도를 논문으로 제안할 것이다. 이 DCI 척도는 디지털 커뮤니케이션의 반시민성을 감소시키고 시민성을 고양할 수 있는 하나의 방법이 될 것이다.

02

뉴스 댓글의 시민성에 대한
내용 분석

윤준섭

들어가기에 앞서

인터넷에는 시간과 공간의 제약이 없으며 인터넷 이용자는 인종, 성적 지향성, 재산, 종교 등에 따른 차별 없이 모두에게 평등한 공간을 제공하는 특성이 있다. 덕분에 인터넷은 한때 우리 인간이 자연적 본성이자 문명을 구성하는 과정에서 발생해왔던 폭력과 전쟁과 같은 갈등을 해결할 수 있는 공간으로 그 가능성을 제시했었다. 우리 인류가 겪은 두 차례의 세계대전과 냉전의 결과물인 핵전쟁의 위협으로 인해, 그 어떠한 갈등이 존재하지 않는 이상적 사회를 추구했고 그것이 바로 인터넷이라는 예찬 또한 존재했다.

이런 희망적 예찬을 가능케 한 것은 인터넷 공간이 제공하는 익명성(anonymity)이라는 특징에 기반했다. 익명성은 개인의 발언에 대한 사회적 영향을 최소화해주는 안전장치로써 온라인 공간에서 이용자가 자유롭게 의견을 개진할 수 있도록 하며, 이로 인해 온라인상에서 이뤄지는 토론 과정에서 다양한 의견이 나타날 수 있게 하여 토론의 질을 높일 수 있다(Reader, 2012). 이는 2000년대 초중반 대한민국의 정치 커뮤니티였던 서프라이즈와 다음(vaum) 아고라에서 다양한 정치 사안에 대한 토론이 이뤄진 과정을 통해 확인할 수 있다. 즉, 익명성으로 인터넷 이용자는 가면무도회에 참여한 것과 같이 온라인상에 입력된 프로필을 제외하면 사회적 위치나 개인적 배경과 관계없이 자유롭게 의견을 게시할 수 있다.

그러나 다른 집단을 규정하고 배척하려 하는 우리 인류의 본능 때문인지 결국 인터넷은 또 하나의 갈등이 발생하는 공간으로 전락해 버렸다. 밈(meme)을 비롯한 온라인상의 유머 글은 소속감을 확인하기 위한 언어적 효능감에만 집중하고 타인에 대한 '구분 짓기'를 함

〈그림 1〉 서비스 초기에 예상했던 인터넷 시대의 사회상

으로써 혐오 표현들을 정당화하게 된다(박인성, 2022). 최초에는 디지털 카메라 이용자 커뮤니티로 상호 존대를 하며 온라인 유머 글을 공유하던 디시인사이드도 어느 순간 타인에 대한 혐오와 비하가 만연한 공간으로 변화되었다는 점을 생각한다면 온라인 문화의 변화는 더 크게 체감할 수 있다.

　본 챕터는 온라인 공간에서 이뤄지는 혐오 표현들을 관측하고 온라인 공간의 윤리와 시민성의 실질적 위치를 확인하고자 한다. 이에 제20대 대선과 관련한 온라인 뉴스의 댓글들을 수집한 뒤 분석하여 온라인 공간에서 이뤄지는 비시민적 행태에 대한 후속 연구의 토대를 마련하고 방향성을 제안하고자 한다.

스마트폰 혁명과 혐오의 일상화

    2007년 1월 9일, 애플의 최고경영자(CEO) 스티브 잡스의 아이폰 키노트는 인터넷 환경의 새로운 혁명을 불러일으켰다. 스마트폰으로 촉발된 변화의 물결은 더 이상 인터넷을 하기 위해 책상에 자리한 무거운 데스크톱 컴퓨터와 벽에 연결된 인터넷 케이블이 필요하지 않게 되었음을 사람들이 몸으로 느끼게 만들었다. 마치 새장을 벗어나 자유롭게 날아다니는 새와 같이, 사람들은 이제 손안에서 인터넷상의 모든 정보를 언제 어디에서나 취할 수 있게 되었고 실시간으로 상호 연결됨에 따라 인터넷의 www가 의미하는 월드 와이드 웹(world wide web)이 비로소 완성이 되었다.

    그러나 스마트폰이 가져온 인터넷 혁명은 온전히 순기능만 제공하는 것은 아니었다. 시간과 장소에 구애받지 않고 인터넷에 접속할 수 있게 됨으로써 앞서 설명했던 '구분 짓기'와 혐오 표현의 사용 또한 시간과 장소의 제약이 사라졌다. 인터넷이 제공하는 익명성과 스마

트폰이 제공하는 인터넷에 대한 접근성이 결합하여 혐오 표현 등의
비시민적 행태가 더욱 높은 자율성을 띠게 되었다. 이로 인해 온라
인 공간은 현실 공간과 달리 더욱 혐오가 만연한 공간으로 자리하게
되었고, 인터넷 공간은 집단과 집단의 끊임없는 대치가 이뤄지는 공
간으로 변화했다(노정규 & 민영, 2012).

스마트폰과 함께 발전한 뉴미디어 또한 혐오의 일상화를 가속시킨
요인으로 볼 수 있다. 정해진 시간에만 정보를 전달하는 전통적 미
디어 매체와 달리 사용자가 직접 원하는 정보를 취사선택하여 소비
할 수 있는 선택적 노출(selective exposure)은 이용자의 태도 극화(attitude
polarization)가 이뤄지는 요인으로 작용한다(노정규 & 민영, 2012). 특히

〈그림 2〉 스마트폰 혁명의 부작용 중 하나인 혐오의 일상화

최근 들어 '알고리즘'으로 불리는 이용자의 시청 패턴을 학습하여 미디어를 추천하는 빅데이터 시스템과 '유튜브 쇼츠(YouTube Shorts)', '틱톡(TikTok)' 등의 1분 미만의 미디어 소비 패턴은 이용자로 하여금 편향된 정보에 더 빠르고 더 많이 노출되도록 유도한다.

스마트폰의 보급으로 촉발된 인터넷 연결성의 강화와 미디어 소비 패턴의 변화는 온라인 커뮤니티 문화에도 영향을 주었다. 인터넷 커뮤니티는 적대시하는 집단에 대한 혐오 담론을 무비판적으로 수용하여 이용자들에게 선택적으로 노출되게 함으로써 집단의 극화를 반복적으로 수행한다. 이러한 과정으로 온라인 공간에 만재해버린 비시민적 표현과 혐오 담론이 인터넷 커뮤니티와 소셜 미디어를 통해 빠르게 소비되고 확산되어 마침내 현실 사회에 투영됨으로써 심각한 사회 문화적 문제로 가시화되고 있다(장소연 & 류웅재, 2017).

뉴스 댓글 비시민성 실태 분석의 필요성

선거는 민주주의 체제의 가장 큰 축제라고 할 수 있다. 그러나 이 위대한 축제를 성공적으로 마무리하기 위해 모든 선거에서는 지지 층 간의 크고 작은 전투가 일어난다. 이는 지지층에게 있어 자신이 지지하는 정당을 위한 하나의 성전이라고 할 수 있다. 뉴스의 사회 면에서 간혹 접할 수 있는 집회 현장에서의 물리적 충돌 사례 또한 서로 다른 지지 집단 간의 교전 사례이다. 이는 단순히 물리적인 현 실 세계의 영역에만 국한되는 것이 아니라 인터넷과 같은 사이버 공 간에서도 동시다발적으로 일어난다. 익명성의 보장으로 현실과 달 리 복수의 ID를 이용해 여러 정체성을 가질 수 있고, 상기했던 인터 넷 연결성의 강화와 미디어 소비 패턴의 변화로 온라인 공간에서의 분쟁은 현실 세계에서의 분쟁보다 더욱 격화되어 마치 전쟁터를 방 불케 한다.

〈그림 3〉 선거는 지지 집단 간의 대결

　본 챕터는 온라인 뉴스 댓글에서 발현되는 비시민성의 유형과 출현 빈도에 대한 분석을 다룬다. 인터넷 문화의 소비 패턴이 급격하게 변화했음에도, 온라인 뉴스 댓글을 연구의 대상으로 특정한 이유는 온라인 뉴스 또한 현재 온라인 공간의 미디어 소비 문화와 밀접한 관계를 가지고 있기 때문이다.

　이른바 온라인 커뮤니티에서 행해지는 '좌표찍기' 문화가 이를 뒷받침하는데, 이 '좌표찍기' 문화는 온라인 커뮤니티나 인플루언서(influencer)에 의해 조직적으로 뉴스 댓글의 여론이 조성되는 것을 말한다 (조해람, 이홍근, 한수빈, 2021). 특히 특정 기사의 댓글이 소속 집단이나 가치관에 부정적인 평가로 점철되었을 경우, 이를 긍정적인 인식으로 반전시키거나 반대 집단에 대한 피장파장의 형태로 부정 평가를 희석시키기 위해 주로 사용된다. '국정원 댓글 부대 사건'과 '드루킹 사건'과 같이 조직적으로 뉴스 댓글에 개입하여 여론을 조작하는 것도 비슷한 맥락에서 이뤄지는 행위이다(박경신, 2018). 다만 '좌표찍기'는 집단 구성원의 자발적 행위에서 기인하는 바가 크기에 뉴스 댓글의 발화 형태를 분석하는 것은 온라인상에 나타나는 비시민성을 분석하기에 충분한 조건을 갖춘다고 보았다.

뉴스 댓글에서 표출되는 온라인상의 비시민성 측정에 필요한 택소노미(taxonomy)를 구성하는 과정을 다룬다. 비시민성의 항목을 세분화할 경우, 이후 진행될 비시민성의 자동 분석을 위한 머신러닝 알고리즘을 개발하는 것에 더욱 정밀한 결과를 기대할 수 있어 온라인상의 비시민성에 대한 각기 다른 지표를 발견한 선행 연구들을 참고할 필요가 있었다. 비시민성에 대한 선행 연구들에서는 크게 특정 대상에 대해 무례한 표현 등을 사용하는 공격적 비시민성과 차별적 혐오 표현을 사용하는 차별적 비시민성의 두 범주로 비시민성이 표현됨을 알수 있었다. 본 연구의 휴먼 코딩 과정에서 사용될 택소노미 구성의 기틀을 마련한 비시민성의 분류와 그 유형은 아래 〈표 1〉에 설명되어 있다.

〈표 1〉 비시민성 분류와 유형 설명

비시민적 표현 분류	설명
개인과 집단에 대한 폄하, 비방, 무례 등의 표현 유형	개인과 집단에 대해 멸칭 등을 사용하여 그 가치를 폄훼하는 표현
정책이나 아이디어 폄하 표현 유형	개인이나 집단의 진실성을 바로 부정하거나, 정책이나 아이디어에 대해 근거 없이 비방하고 거짓이라 명명하는 것

공격적, 폭력적, 명령적 어조 표현 유형	상대를 억압하는 말투 혹은 소리를 지르는 듯한 표현
문장 중간에 필요 없는 욕설 표현 유형	맥락에 맞지 않고 불필요하게 사용된 욕설
민주주의 담론을 위협하는 헤이트 스피치 유형	모두가 평등하다는 민주적 가치에 반하는 차별적 표현

이렇게 선행 연구에서 정립한 비시민적 표현에 대한 개념을 토대로 내용 분석에 필요한 택소노미는 크게 공격적 비시민성과 차별적 비시민성의 대분류로 나누고 이에 대한 하위 분류를 구체적으로 구성한 결과와 그 예시는 다음과 같다.

공격적 비시민성의 예시로는 무례한 표현, 정책이나 아이디어를 폄훼하는 표현이 있다. 또한 공격적이거나 명령적인 어조를 사용하는 것과 불필요한 욕설을 문장에 포함하는 것도 공격적 비시민성의 하위 범주로 설정했다(Coe et al., 2014).

차별적 비시민성의 경우엔 지역에 대한 차별 표현, 생물학적 성에 대한 차별 표현, 인종에 대한 차별 표현, 종교에 대한 차별 표현, 성소수자와 같은 성적 지향성에 대한 차별 표현, 직업과 연령에 대한 차별 표현을 말한다(홍주현 & 나은경, 2016, 이종일, 2017). 추가적으로 본 챕터는 대통령 선거와 관련한 뉴스 댓글의 비시민성을 분석하기에 지지층에 대한 비하 발언을 차별적 비시민성의 하위 분류에 포함하여 분석했다.

〈표 2〉휴먼 코딩에 사용된 택소노미

대분류	소분류	예시 표현	참고문헌
공격적 비시민성	무례한 표현	찢재명, 윤무식	Coe, K., Kenski, K., & Rains, S. A. (2014)
	정책 폄훼 표현	거짓 선동, 가짜 복지	
	공격적 어조	처형해라!!!!!	
	불필요한 욕설	에이 18	
차별적 비시민성	지역 차별	절라도, 개쌍도	홍주현, 나은경. (2016), 이종일. (2017)
	장애 차별	병신, 절뚝이	
	성차별	페미, 맘충	
	인종 차별	짱깨, ㅈ선족	
	종교 차별	개독, 땡중	
	성소수자 차별	똥꼬충, 게이	
	직업 차별	개검, 기레기	
	연령 차별	틀딱, 어린꼰대	
	지지 집단 차별	좌좀, 극우꼴통	
맥락적 비시민성	비아냥	잘하십니다~ㅋ	

〈표 1〉에 기반하여 구성한 최초의 택소노미를 토대로 연구자와 연구 참여자가 코더 간 일치도를 향상시키기 위한 훈련을 실시하던 중 코더가 실질적으로 관측할 수 있는 발화된 비시민성과 달리 비아냥과 같이 발화된 상황에 따라 의미가 변화하는 맥락적 비시민성을 조우하는 사례가 다수 발생했다. 맥락에 대한 이해가 필요하기에 포털의 댓글 필터 AI는 이를 분류하지 못한다. 이에 본 챕터의 연구에서는 비아냥으로 대표되는 맥락적 비시민성을 택소노미에 포함하여

내용 분석을 수행하도록 했다. 연구에 사용된 택소노미에 대한 자세한 분류와 예시는 〈표 2〉에서 확인할 수 있다.

뉴스 댓글의 비시민성 실태 분석

　본 섹션은 데이터 수집부터 분석까지 앞서 정의된 비시민성에 대한 택소노미를 활용해 온라인상의 비시민성의 실태를 알아보고자 하는 일련의 과정을 다룬다.

　제20대 대통령 선거와 관련하여 온라인 공간에서 비시민성이 얼마나 발현됐는지 알아보고자 했으며 이에 따라 관련 키워드를 '이재명', '윤석열', '더불어민주당', '국민의힘', '대통령 선거', '대선'으로 설정하여 사용했다. 데이터의 수집 기간은 거대 양당에서 최종적으로 대통령 후보가 선출된 2021년 11월 6일부터 대통령 선거의 직전 달인 2022년 2월 28일까지의 총 115일로 설정했다. 언론사의 정치적 균형을 맞추기 위해 보수 성향 언론사로 조선일보와 동아일보 2곳과 진보 성향 언론사로 경향신문과 한겨레 2곳을 선정했으며, 분석에 필요한 댓글은 언론사 공식 홈페이지에 게재된 뉴스가 아닌 포털 사이트에 게재된 뉴스와 그 댓글로 특정하여 수집했다.

이렇게 수집된 뉴스 기사는 총 18,393건으로 여기에서 200개의 표본을 추출했다. 표본은 후속될 연구와의 연계 용이성을 위해 기사의 길이가 2,000자 이내이며 댓글의 수가 100개 이상인 뉴스 기사로 압축해 추출했다. 여기에서 추출된 200건의 기사에 대해 각 100건의 댓글을 길이가 100자 이내인 댓글로 제한하여 했다. 또한 이어서 진행될 머신러닝 연구를 위해 본 연구의 표본은 문장에 따라 분리하여 표본을 구성했다. 이렇게 추출된 20,000개의 댓글 표본에 대하여 연구자와 4인의 연구 참여자 총 5인이 각 4,000개의 댓글을 할당받은 뒤 휴먼 코딩을 실시했다.

코딩의 진행 과정은 다음과 같다. 코더는 택소노미에 있는 비시민

M	대상 향한 무례, 혐오 표현	26.9%	0
N	정책 및 아이디어 폄훼	6.9%	0
O	공격, 명령적 어조	4.6%	0
P	불필요한 욕설	0.8%	0
Q	지역 차별	0.9%	0
R	장애인 차별	0.3%	0
S	성차별	2.1%	0
T	인종 및 이주민 차별	0.3%	1
U	종교 차별	0.1%	0
V	성소수자 차별	0.3%	0
W	직업 차별	2.1%	0
X	연령 차별	1.5%	0
Y	특정 정치인 지지자층 차별	3.1%	0
Z	Target		2
AA	Uncivility Level	39.7%	1
AB	형식상 Uncivil 개수	39.7%	1
AD	비아냥	42.7%	0

Target Table		
인물	0	53.5%
정당	1	12.4%
정책	2	12.9%
집단	3	14.8%
기타	4	6.4%

동일 댓글

이전 Target	None	
이전 비아냥	None	Same

비고

외국인

〈그림 4〉 분석에 사용된 도구 예시

성 항목에 대해 관측될 경우 '1'로, 관측이 되지 않을 경우 '0'으로 레이블을 입력한다. 공격적 혹은 차별적 표현과 같이 형태상의 비시민성이 관측되었을 경우, 코더가 이에 대한 주관적 평가를 실시했다. 댓글에서 비시민성이 전혀 없다고 느꼈을 경우 '0'부터, 비시민성이 매우 높게 느꼈을 경우 '3'까지 4점 척도로 댓글의 비시민적 표현에 대한 주관적 평가 값을 입력했다. 또한 형식상 관측된 비시민적 표현에 대해서 전혀 발견되지 않았을 경우 '0'에서 시작하여, 3개 이상 발견되었을 경우 형식상으로도 매우 높은 비시민성을 보였을 것이라 가정하여 3개 이상의 표현에 대해서 '3'으로 하여 주관적 평가와 동일하게 '0'부터 '3'까지 4점 척도로 비시민적 표현의 개수를 입력했다. 부가적으로 코더가 발견한 비시민적 표현을 비고란에 입력하여 실제로 어떠한 표현이 사용되었는지 확인하도록 했다.

댓글이 특정하는 대상을 파악하기 위해 그 대상이 2인 이하의 특정 가능한 개인일 경우 '인물'로 파악하고 '0'으로, 정당에 대한 댓글이거나 3인 이상 정치인이면서 소속 정당이 동일한 경우 '정당'과 관련된 댓글로 하여 '1'로 코딩했다. 현 정부의 정책 혹은 후보자의 공약에 대해 발언한 경우 '정책'으로 분류하여 '2'로 코딩했고, 비정치 집단 혹은 3인 이상의 정치인이면서 소속 정당이 다를 경우 '집단'으로 하여 '3'으로 코딩했다. '인물', '정당', '정책', '집단'에 속하지 않는 댓글은 '기타'로 보고 '4'로 코딩했다.

휴먼 코딩의 정확도 향상을 위해 코딩에 참여하는 연구자와 연구 참여자들은 같은 장소에 집합하여 상호 간의 질의응답을 통해 동일한 택소노미로 코딩을 진행하도록 했다. 그러나 코로나19의 확산 상황이 심각해짐에 따라 재택근무로 전환하되 메신저로 지속적인 논의를 거쳐 코딩하도록 했다.

〈표 3〉 휴먼 코딩 결과

대분류	소분류	출현 비율
공격적 비시민성	무례한 표현	31.0%
	정책 폄훼 표현	3.5%
	공격적 어조	10.5%
	불필요한 욕설	0.7%
차별적 비시민성	지역 차별	0.5%
	장애 차별	0.2%
	성차별	0.9%
	인종 차별	0.2%
	종교 차별	0.1%
	성소수자 차별	0.1%
	직업 차별	1.5%
	연령 차별	1.3%
	지지 집단 차별	2.1%
코더가 느낀 비시민성 정도	전혀 없음(0)	65.7%
	약한 정도(1)	26.2%
	중간 정도(2)	5.5%
	높은 정도(3)	2.6%
형식상 비시민성 표현 개수	0개	59.2%
	1개	27.6%

형식상 비시민성 표현 개수	2개	8.8%
	3개 이상	4.4%
맥락적 비시민성	비아냥	29.2%

내용 분석의 결과는 〈표 3〉과 같다. 연구를 최초 설계하는 시점에서 분석 결과로 '비시민성'의 수치가 높게 관측될 것으로 예상했으나, 실제 분석 결과는 이와 다소 다르게 관측되었다. 코더의 주관적 평가에 의하면 비시민성 정도가 전혀 없는 댓글이 65.7%의 높은 수치로 관측되었다. 이와 유사하게 59.2%의 댓글에서 형식상의 비시민적 표현도 발견되지 않았다.

전체 댓글 중에서 '인물'에 대한 댓글이 57.6%, '정당'에 대한 댓글이 14.0%, '정책'에 대한 댓글이 9.7%, '집단'에 대한 댓글이 13.7%로 나타났다. 이는 대선에 대한 집중도가 후보자의 공약보다 후보자 본인 혹은 배우자 및 측근에 더 집중을 받았음을 알 수 있다. 제20대 대선 과정에서 연이어 불거진 '대장동 개발' 의혹이나 '허위 학력 및 경력' 의혹과 같이 후보자와 배우자의 비리 이슈나 '핵심 관계자'와 같이 측근과 관련된 논란들이 주요 뉴스로 다뤄졌던 것이 댓글의 방향성에 영향을 미쳤다고 볼 수 있다.

차별적 비시민적 표현은 공격적 비시민적 표현에 비해 발견되는 빈도가 낮았으며 이는 앞서 도출된 댓글의 방향성과 관계가 밀접한데, '인물'에 대한 댓글의 경우 혐오 표현보다 특정인에 대한 무례한 표현(name-calling)이 발생하여 차별적 비시민성이 낮게 발견되었다고 볼 수 있다. '정책' 혹은 특정 집단을 다룬 기사에서 차별적 표현을 사용한 댓글을 일부 관측할 수 있었으나 유의미하게 높은 수치를 보여주지 않았다.

공격적 비시민성 항목에서 불필요한 욕설이 낮게 측정되었는데, 이는 포털 사이트의 비시민적 댓글 필터 시스템이 작동하여 자동적으로 이를 제거했기 때문으로 추정한다. 또한 본 챕터의 연구가 후속될 머신러닝 연구 과정의 데이터 전처리 과정을 겸하기 때문에 필터 시스템을 우회하기 위해 이모티콘과 같은 그림을 사용해 표현한 경우 비속어로 코딩하지 않아 낮은 공격적 비시민성의 발화 수치를 보인다고 할 수 있다.

〈표 4〉 유형적 비시민성에 따른 맥락적 비시민성의 발현 비율

코더가 느낀 비시민성	맥락적 비시민적 표현
전혀 없음(0)	66.3%
약한 정도(1)	26.1%
중간 정도(2)	5.3%
높은 정도(3)	2.4%

흥미로운 결과는 위의 〈표 4〉와 같이 유형적 비시민적 표현과 맥락적 비시민적 표현의 관계에 있었다. 관측된 맥락적 비시민적 댓글 중에서 표현상의 비시민성이 없는 댓글이 전체 댓글의 약 66.3%를 차지하고, 약한 정도의 비시민적 표현까지 범위를 확장한다면 전체 맥락적 비시민적 댓글의 92.4%가 낮거나 없는 정도의 비시민적 댓

글에 분포하는 것을 알 수 있다.

이를 통해 인터넷 뉴스 기사의 댓글에서 비시민적 표현이 발현되는 경우가 적다고 하더라도 실제로 이용자들이 비시민적 표현을 하지 않는 것이 아님을 알 수 있었다. 이는 맥락적 비시민성이 언어유희를 통해 발현되는 특성상 상황을 비판하는 데 맥락적 비시민성을 활용함을 알 수 있다. 부가적으로 비아냥과 같은 맥락적 비시민성은 댓글 차단 시스템을 우회하여 상대방을 공격하는 수단으로 사용되곤 하는데 본 분석의 결과에도 해당함을 알 수 있었다.

결론 및 제언

　본 챕터는 온라인상의 비시민성이 대통령 선거와 관련된 뉴스에서 어떻게 발현되는지 알아보고자 했으며, 후속 챕터에서 설명될 머신러닝을 위한 데이터 세트 형성의 전초 단계의 역할을 한다. 선거는 지지층 간의 대결이고 대통령 선거는 대결의 극단에 위치하기 때문에 가장 강도 높은 비시민성이 표출될 것으로 예상했다.

　대통령 선거와 관련된 뉴스에서 이용자들이 어떤 댓글을 남겼는지 수집하여 분석한 결과, 예측과 달리 비시민적 표현의 출현 빈도는 예측치에 비해 낮은 편에 속했다. 이는 제20대 대통령 선거가 비호감 대선이라는 멸칭을 얻을 정도로 과거 대통령 선거와 그 진행 양상이 달랐던 점에 기인했을 수 있다. 또한 댓글 차단 시스템의 비시민적 표현의 분류 능력으로 인해 실제 예측치와 다른 결과로 이어졌을 수 있다. 이와 더불어 후속될 머신러닝 연구를 위한 전처리 과정의 일환으로 이모티콘과 같은 비정형 텍스트를 코딩에서 제외해 차단 시스템을 우회하여 작성한 비시민적 댓글들을 비시민적 표현이 없는 것으로 가정했기 때문일 수 있다.

그러나 본 챕터의 연구 결과는 최초로 설정한 연구 목적과 다른 새로운 의의를 제시했다고 할 수 있다. 택소노미에 추가한 맥락적 비시민성을 분석한 결과 발화된 비시민성이 낮은 상황에서 맥락적 비시민성이 높게 관측되었는데, 온라인 뉴스 이용자들이 맥락적 비시민적 표현을 사용하여 언어 유희를 통해 상황을 비판함을 추론할 수 있다. 또한 비아냥이 가지는 비정형적 공격성의 특징으로 인해 이용자가 시스템에 의해 차단되는 공격적 표현보다 맥락적 비시민적 표현을 통해 반대 집단에 대한 도발을 하는 것이라고 그 결과를 이해할 수 있다.

본 연구 과정을 통해 축적된 비시민적 표현 유형은 한국어 비시민적 표현 사전의 기반을 마련했다고 할 수 있다. 이렇게 구축된 비시민적 표현 데이터를 정제해 사전화하여 활용할 경우 향후 비시민성과 관련된 머신러닝 연구 및 포털 사이트 등의 차단 시스템의 분류 정확도를 향상시킬 수 있을 것으로 기대된다.

또한 머신러닝으로는 정확한 분류가 불가능하고 인간만이 인지 가능한 맥락적 비시민성에 대한 데이터를 분석 과정에서 확보했는데 맥락적 비시민성의 발화에 대한 질적 연구를 계획할 경우 본 연구에서 확보한 데이터를 활용할 수 있을 것으로 기대된다.

03

머신러닝을 활용한 온라인 뉴스 댓글에서의 비시민성 검출

박윤정

익명성에 기반한 비시민성

    온라인 댓글 포럼에서의 익명성(anonymity)은 민주주의적 가치를 추구하며 댓글 포럼을 활성화할 수 있는 필수적인 장치이다. 익명성은 개인적인 관계나 사회적 위치에 상관없이 소수의 의견이라도 자유롭게 말할 수 있도록 보장해주는 역할을 하게 된다. 이로 인해 댓글 포럼으로의 많은 참여를 유도할 수 있고 토론의 질 또한 높일 수 있다(Reader, 2012).

    그러나 그 익명성은 마치 양날의 검과 같이, 휘두르는 사용자의 의도에 따라, 그리고 그 익명성이 실현되는 컨텍스트에 따라 이익이 되기도 하고 해가 되기도 하며, 때로는 개인이나 특정 집단에 치명적인 해를 끼치기도 한다(Cremer & Baker, 2003). 예를 들어, 어떤 의학적 연구 결과에 대해 형성된 온라인 포럼의 익명성은 의학적 이슈에 대해 전문적인 의견의 교환이 활발히 이루어지도록 하겠지만, 특정 뉴스 기사나 이슈를 다룬 온라인 포럼의 익명성은 무례한 댓글들이 만연해지게 하여 결국 다른 사람들의 활발한 참여를 막기도 한다(Wright & Street, 2007). 파파차리시(Papacharissi, 2004)는 이러한 담론, 즉 다른 사람의 활발한 의견 참여를 방해하고 민주주의적 가치를 훼손하는 담론을 비시민적 발언이라고 하였다. 비시민성은 인종 차별적 발언이나 특정 성에 대한 차별적 발언, 혹은 특정한 사회적 집단을 향한 공격 등의 비민주적인 발언들을 모두 포함한다(Kalch & Naab, 2017). 혐오 발언이나 과격한 표현들 역시 이에 속하게 되는데, 이러한 댓글들은 특정 그룹에 대한 고정관념을 고취시키거나 민주주의 자체 혹은 사회적 그룹의 민주적 권한을 위협하게 된다(Agarwal & Sureka, 2014).

그러나 공격적인 어조를 띠고 있다 하여 무조건 비시민적 발언으로 보아서는 안 된다. 다소 무례한 표현이 되어도 서로에게 '해'를 끼치지 않고 지속적으로 의견을 주고받을 수 있게 만들면 이는 건설적인 대화를 이루어내는 표현이라고 볼 수 있으므로 '비시민적' 표현이라고 하지 않는다. 즉, 민주주의성이 있느냐 없느냐가 비시민성을 구분하는 기준이라 할 수 있다(Papacharissi, 2004).

비시민적인 댓글들이 온라인 댓글 포럼에 많이 등장하게 되면 어떤 영향이 있을까? 앤더슨 외(Anderson et al., 2014)는 실험을 통해 비시민적인 댓글이 '원래 그 대상을 탐탁지 않아 하던 사람들'로 하여금 그 대상을 더 위험하게 느끼게 한다는 것을 보여주었다. 또한 보라(Borah, 2014)는 댓글의 비시민성이 구독자들의 open-mindness를 감소시킨다는 것을 실험을 통하여 주장하였다. 코에 외(Coe et al, 2014)의 연구에서도 이와 비슷한 결과가 나타났는데, 이 연구에서는 온라인 댓글의 비시민성이 서로 간의 '토론' 즉 의견 교환을 저하시킨다는 것이 확인되었다.

코에 외(Coe et al., 2014)는 온라인 뉴스 댓글의 비시민성에 기여하는 것이 바로 뉴스의 맥락적 요소라고 하였는데, 여기에서 요소라는 것은 뉴스의 주제, 뉴스의 저자, 그리고 뉴스에서 인용된 출처 등을 의미한다. 특히, 뉴스에서 인용된 출처가 '당파적 입장이 잘 알려진 정치인'일 경우 댓글의 비시민성은 더 높아진다고 하였다. 그렇기 때문에 비시민적인 온라인 댓글은 정치 세션, 즉 정치인/정당/대통령 기사에서 더 많이 생성된다.

본 연구에서는 2022년, 대한민국의 제20대 대선 과정에서 만들어진 수많은 온라인 댓글들, 즉 대선 관련 기사와 맞물려진 온라인 담론의 내용들을 분석하여, 댓글들이 가진 비시민성의 특징들을 파악하는 것을 목적으로 하고 있다. 아울러, 연구의 결과가 정치 기사에서의 비시민적 댓글의 질적 양적 수위를 낮출 수 있는 근원적 토대가 될 수 있을 것이라고 기대하고 있다. 정치 기사에서의 비시민적 댓글을 줄이게 된다면 우리의 온라인 담론 플랫폼은 높은 수준의 정치적 담론을 생산할 것이고, 더 많은 시민의 정치 참여를 이끌어낼 수 있게 될 것이며, 결국 수준 높은 민주주의를 실현하게 될 것이다.

댓글의 비시민성 검출을 위한 데이터 세트 구축

온라인 댓글의 비시민성 여부나 긍정/부정 등의 감정가를 평가한 연구는 이전에도 꾸준히 존재해 왔다. 이들 연구의 공통점은 머신러닝 방법을 사용하여 비시민성 존재 여부나 긍정/부정 감정가 등을 예측하였다는 것이다. 그러나 온라인 댓글 데이터 분석을 기반으로 하는 연구들에서 겪는 어려움 중 하나는 바로 '댓글'의 특성상 불규칙한 변형이 많고 사용자가 창의적으로 만들어 쓰는 표현도 존재한다는 것이다. 실제로 본 연구를 위하여 만든 댓글 데이터에서도 양당의 대통령 후보들을 부르는 별칭만 10여 가지가 될 정도로 다양하게 나타났는데, 성과 외형적 특징을 합쳐 부르거나, 혹은 이름 중 한 글자를 후보자의 윤리적 이슈와 연관시켜 부르는 등 다양한 형태로 나타났다. 사데크 외(Sadeque et al., 2019)는 온라인 댓글 사용자들이 특히 다른 사람을 공격할 때, 즉 다른 사람의 호칭을 악의적으로 변형하려고 할 때 가장 창의적이라고도 하였다.

또한 온라인 댓글을 인간 코더가 직접 분석하고 비시민성을 분류하는 과정에서, 단어 자체의 문자적인 뜻이 아니라 기사나 사회적 이슈의 맥락에 기반한 뜻을 찾아야 하기 때문에 코더의 역량 등도 영향을 미칠 수 있다. 그러므로 온라인 댓글의 비시민성 예측 알고리즘의 설계를 위해서는 데이터의 준비 과정이 차지하는 영역이 가장 크다고 볼 수 있다.

스톨 외(Stoll, iegele, and Quiring, 2020)는 온라인 댓글에서의 비시민적 표현과 불손한 표현을 따로 구분하여 검출하는 시스템을 구현하기 위해 핸드코딩된 10,114개의 독일어 온라인 댓글을 사용하였다. 이 샘플은 2016년에 수집된 독일의 9개 신문사들의 페이스북 페이지 댓글 1,000,000개 중 각 페이지에서의 인기 순위 1~7위까지의 댓글들을 모은 것이며, 각 댓글의 주제 등은 서로 다르다. 이 댓글 데이터에서의 비시민성을 검출하기 위해 분류 알고리즘으로는 Support Vector Machine(SVM), Logistic Regression(LR), Naive Bayes(NB), Decision Trees 등의 알고리즘을 순차적으로 적용하였으며, 단어의 특징 추출과정에서는 unigram, bigrams, trigrams, 사전 기반 특징(DICT) 및 Named Entity(NE) 등을 사용하였다. 그 결과, NB 알고리즘으로 특징을 추출한 분류기에서 가장 좋은 검출 정확도를 보여주었다. 그러나 총 3,320개의 댓글 중 1,220에 대해서 오검출하여 전체적으로 좋은 성과를 내지는 못하였다. 이 연구에서는 비시민성과 불손한 표현을 다른 범주라고 넣었는데, 코에 외(Coe & Park-Ozee, 2020), 켄스키 외(Kenski, Coe and Rains, 2020) 등은 개인이나 집단에 대한 무례한 표현을 비시민적 표현의 한 범주로서 간주하였다. 이로 미루어 보아, 지도적 머신러닝(Supervised Machine Learning)을 위한 라벨링, 즉 전문 코더들이 비시민적 댓글과 불손한 표현에 대한 분류를 직접 진행하는 단계에서 분류 기준이 명확하지 않으면 머신러닝의 검출률에도 영향을 미친다는 것을 알 수 있다.

사데크 외(Sadeque et al, 2019)는 코에 외(Coe et al, 2014)의 연구에서 사용했던 댓글 데이터를 그대로 사용하였다. 이 데이터는 2011년 10월 17일부터 11월 6일까지 애리조나 일간 스타 뉴스(Arizona Daily Star Newspaper)에 실린 기사의 온라인 댓글들을 모은 것이며, 스포츠, 사설, 단신 뉴스 등 8가지 섹션에서 총 706개의 기사와 6,535개의 댓글이 수집되었다. 이 중 6,444개의 댓글에 대해서, 코에 외(Coe et al.,

2014)가 제안한 코딩 스킴으로 훈련받은 코더들이 기사와 댓글의 비시민성을 평가하였다. 댓글의 비시민적 표현은 개인이나 집단을 무례하게 호칭하는 것(Name-Calling), 음란하거나 천박한 단어를 사용하는 것(Vulgarity), 상대의 발언이나 행위를 거짓이라고 폄훼하는 것(Lying accusation) 등 5가지 범주로 나뉘었는데, 이 연구에서는 이들 중 가장 잘 나타나는 2가지 형태의 비시민적 표현인 무례한 호칭과 음란한 표현을 검출하기 위하여 기존 연구들과 달리 매우 복잡한 모델을 설계하였다.

〈그림 1〉과 같이, 단어의 특징 벡터를 형성하기 위해 각 댓글을 FastText(패스트 텍스트) 방식으로 워드를 임베딩하여 벡터 변수로 만

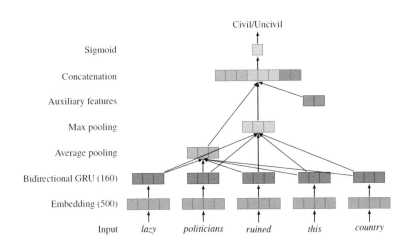

〈그림 1〉 FastText 워드 임베딩과 양방향 재귀모델
출처: Sadeque et al(2019)

들었으며, 이는 양방향 재귀모델(Bidirectional GRUs)의 입력으로 들어가게 된다. 양방향 재귀모델의 출력값은 평균 풀링 계층과 최대 풀링 계층의 입력이 되고 이후의 출력은 서로 직렬로 연결되어 시그모이드 활성화 함수를 통과하게 된다. 시그모이드 활성화 함수는 최종적으로 댓글의 비시민적 표현 여부를 나타내게 되었다. LR이나 SVM, Flair 등의 모델과 비교하였을 때, 이 연구에서 제안한 양방향 재귀모델은 F1 값을 기준으로 하였을 때 유의한 차이로 높은 분류 성능을 보여주었다.

알 하산과 알 도사리(Al-Hassan & Al-Dossari, 2019)는 온라인 담론 중 혐오 발언 데이터에 초점을 맞추어 혐오 발언을 검출할 수 있는 머신러닝 알고리즘을 정리하였다. 혐오 발언은 인종이나 종교, 지역, 성별에 기반한 차별적 발언을 의미하며 온라인 담론에서의 차별적 발언은 민주주의적 가치를 훼손하기 때문에 해당 발언이 포스팅되지 않도록 제재가 되어야 한다. 이 연구에서는, 소셜 미디어로부터 만들어진 온라인 담론 데이터를 Word2Vec로 임베딩하여 특징을 추출하고 재귀모델(GRU)로 분류하였을 때 성능이 가장 높다는 것을 메타 분석을 통해 보여주었다.

한국어 기반 비시민적 댓글 데이터의 구축

한국어를 기반으로 한 혐오 댓글 검출이나 악성 댓글 검출에 대한 연구도 활발히 이루어지고 있다. 그러나 댓글의 비시민적 표현을 세분화하여 분류한 모델은 아직 많이 연구되지 않았다. 이원석과 이현상(2020)은 어텐션(Attention) 알고리즘을 기반으로 하는 멀티 채널 CNN(Convolutional Neural Network)을 구현하여 연예 뉴스에 달린 댓글들을 7가지 영역에서 분류하였다.

본 연구에서는 7가지 영역 이상, 최대 13가지 영역까지 비시민성의 종류를 세분화하여 댓글의 비시민성을 분류하려고 한다. 앞에서도 강조하였듯이, 머신러닝 알고리즘의 성능보다도 더 중요한 것이 바로 데이터의 질이라고 할 수 있기 때문에, 우리는 비시민적 댓글이 가장 활발하게 생성되고 있는 뉴스 주제를 선정하여 변형된 댓글이나 사용자에 의해 창의적으로 만들어진 댓글에도 강인할 수 있는 댓글 데이터를 구축하는 것을 최우선으로 하였다.

이를 위하여 정치적 쟁점의 선두라 할 수 있는 '대통령 선거 기간'중의 뉴스 및 댓글을 수집하였다. 타깃으로 한 뉴스 매체는 보수를 대표하는 2개의 언론사와 진보를 대표하는 2개의 언론사 총 4군데였으며 이들 언론사의 기사들 중 대통령 선거와 관련된 키워드—제1야당/여당의 대선 후보 이름 및 정당 이름, 대선, 대통령 선거—로 기사를 검색하였고 해당 기사의 내용과 댓글을 같은 ID로 묶어 수집하였다. 댓글 수집 기간은 양당의 대통령 선거 후보가 최종적으로 정해진 날짜인 2021년 11월 6일부터 대선 일주일 전인 2022년 2월 28일까지 총 115일 동안이었으며, 이 기간 동안 모아진 기사 중 중복을 제외하고 관련 없는 기사를 제외한 후 남은 기사는 모두 18,393개였다.

핸드 코딩을 위해 18,393개의 기사 중 200개를 샘플링하였는데, 기사 분석의 용이성을 위해 기사 길이가 2,000자 이내이며 댓글의 수가 100개 이상인 것 중에 선별하였고, 수집 기간 총 16.5주 중 16주는 각 언론사마다 매주 3개씩, 마지막 17번째 주에서는 언론사마다 2개씩 기사를 무선으로 샘플링하였다.

샘플링된 기사들의 아이디를 이용하여 댓글들 역시 동일하게 그룹 지어졌으며, 샘플링된 기사의 댓글들 중 댓글의 길이가 100자 이하인 것으로 100개씩 무선으로 수집하여 댓글 데이터에 저장하였다.

댓글은 분석의 명료성을 위해 문장으로 나누어졌고, 충분한 기간 동안 훈련받은 코더들이 〈표 1〉의 비시민성 기준에 따라 댓글의 라벨링을 진행하였다.

비시민성 기준은 먼저 코에 외(Coe et al., 2014)의 내용을 토대로 세웠으며, 이후 혐오 발언 영역에 지역, 성별, 지지하는 정당, 연령 등에 대한 차별 발언을 포함시켜 더욱 세밀하게 분류되도록 하였다. 〈표 1〉에 본 연구에서 사용한 코딩 스킴이 설명되어 있다.

〈표 1〉 비시민성 분류를 위한 코딩 스킴

비시민적 표현 분류	설명
개인과 집단에 대한 폄하, 비방, 무례, 욕설	특정 개인과 특정 집단에 대해 깎아내리는 표현, 비아냥거리는 표현(예: 아주 끼리끼리~~)
정책이나 아이디어 폄하	개인이나 집단의 진실성을 바로 부정하거나, 정책이나 아이디어에 대한 것을 근거 없이 거짓이라 이야기하는 것
공격적, 폭력적, 명령적 어조	- 상대를 억압하는 말투 - 소리 지르는 듯한 표현
문장 중간에 필요 없는 욕설이 들어가 있음	
민주주의 담론을 공격하는 헤이트 스피치	지역에 대한 차별 발언
	장애인에 대한 차별 발언
	성에 대한 차별 발언
	인종 및 이주민에 대한 차별 발언
	종교에 대한 차별 발언
	성소수자에 대한 차별 발언
	직업에 대한 차별 발언
	연령에 대한 차별 발언
	특정 정당 지지자에 대한 차별 발언

머신러닝을 활용한 댓글의 비시민성 검출

머신러닝을 활용하여 자연어 데이터를 분류해내는 과정은 크게 3가지 프로세스로 나뉜다. 첫 번째는 데이터의 전처리 과정이며, 두 번째는 데이터의 특징 벡터 추출 과정, 세 번째는 분류 과정이다.

(1) 데이터 전처리

데이터의 전처리 과정은 데이터에서 불필요한 부분을 제거해내어 머신러닝의 성능을 높이는 과정을 의미하며, 데이터의 정제, 정규화, 토큰화 등이 이에 해당한다.

데이터의 정제에서는 불필요한 단어들을 제거하게 된다. 예를 들어 '조사'나 길이가 짧은 단어 등은 의미가 특별히 있지 않으나 그 빈도수가 많기 때문에 전체 데이터에 영향을 미칠 수 있으므로 제거하고, 빈도수가 너무 적은 단어 또한 처리에 도움이 되지 않기 때문에 제거해야 한다.

또한 연구의 주제와 맞지 않는 언어를 '불용어'로 따로 선정하여, 이에 해당하는 단어들은 제외시키기도 한다. 예를 들어 [대통령 선거]와 관련된 댓글 데이터의 비시민성을 측정하고 분류하는 본 연구라면 '것', '을'과 같은 한 단어 조사부터 '그런', '이런'과 같은 접속어, 그리고 '국민가수', '비타민'과 같이 연구 주제와 상관없는 단어들은 미리 불용어 사전에 추가하여 삭제되도록 하는 것이 좋다.

정규화 과정은 대소 문자를 통일하거나 정규 표현식이라는 것을 통하여 HTML 태그나 불필요한 문장 부호 등을 제거하는 과정이다. 그러나 때에 따라 문장 부호 등이 영향을 미칠 수가 있으므로 어떤 것들을 제거해야 할지는 연구에 따라 다르게 판단해야 한다. 본 연구의 경우 느낌표(!)의 유무가 '공격적 표현'과 관련이 있으므로 문장 부호를 전부 제거하지 않고 '%', '='과 같은 표현만 일부 제거하는 방법을 택하였다.

데이터 전처리 과정에서 가장 중요한 것은 바로 '토큰화'이다. 토큰화라는 것은 '형태소' 단위로 문장을 분리하는 것을 의미한다. 영어의 경우, 단어 사이의 공백을 기준으로 문장이 형태소로 간단하게 분리가 되지만, 한국어는 교착어이기 때문에 명사에 붙어 있는 조사나 접사, 그리고 동사의 어미 등을 잘 분리해내는 것이 중요하다.

본 연구에서는 kiwi 형태소 분리기를 사용하여 토큰화를 진행하였다. kiwi는 Okt, mecab, kkma와 같은 기존의 형태소 분리기보다 문장 분리 정확도가 뛰어난 것으로 평가되었다(Minchul Lee, 2022). 또한 댓글의 특성상 사전에 없던 단어가 대부분이기 때문에 전체 댓글 데이터를 기존 데이터에 추가하여 '내로남불', '일베당'과 같은 단어까지도 고유 명사로서 인식이 되도록 하였다.

kiwi 형태소 분석기는 단어뿐 아니라 단어의 품사 정보까지도 제공하기 때문에 이를 사용하여 '조사'나 '접두어', '접속어', '하나의 자음이나 모음으로 되어 있는 단어' 등은 품사 정보를 활용하여 제거하였다.

모든 전처리 및 토큰화 과정을 거친 후, 총 11,196개의 단어를 얻게 되었다.

(2) 워드 임베딩

구축한 댓글 데이터베이스에서 가장 처음 진행하는 일은 바로 단어를 벡터로 만드는 일이며 이것을 워드 임베딩이라고 한다(심재승, 이재준, 정이태, 안현철, 2020). 워드 임베딩의 목적은 데이터베이스 내에 사용된 모든 단어들을 N차원의 공간 안에 유니크하게 표현하는 것이다.

만일 10개의 단어 공간이 존재하는 경우, 이 단어들을 가장 단순한 방법으로 표현한다면

0000000001

0000000010

0000000100

중략

1000000000

의 10가지 표현으로 나타낼 수 있다. 여기에서 한 자리의 이진수 숫자는 그 위치에 해당하는 단어가 있고 없음을 나타낸다. 이와 같은 표현을 단어의 희소 표현(Sparse Representation)이라고 한다. 이렇게 표현할 경우 단어의 수가 많아지게 되면 공간 낭비를 불러오게 된다. 본 연구에서와 같이 11,196개의 단어를 희소 표현으로 나타낸다면 필요한 단어 공간이 11,196개이므로 총 길이 11,196개의 비트가 사용되어 메모리의 낭비가 초래된다. 또한 단어의 종류는 알 수 있어도 단어의 의미는 표현하지 못한다.

희소 표현과 달리, 벡터의 차원을 단어 집합 전체의 크기가 아니라 사용자가 설정한 값으로 변환하는 밀집 표현(Dense Representation)이 있다. 예를 들어 10,000개의 단어가 존재하는 단어 집합을 희소 표현으로 나타내면 [00000010000⋯0000], 즉 1을 제외한 0의 수는 총 9,999개가 되는데 이를 128개의 차원으로 줄인다면 128개의 실수로 변환이 되며 벡터의 차원이 조밀해지게 된다. 밀집 벡터라는 이름이 여기서 기인하였다(심재승 외, 2020).

워드 임베딩은 단어를 밀집 벡터로 표현하는 방법을 말한다(Mikolov et al., 2013). 그리고 각 밀집 벡터들이 워드 임베딩 과정의 출력물이므로 임베딩 벡터라고 부른다. 워드 임베딩은 단순한 나열에 불과한 희소 표현과 달리, 인공 신경망의 가중치를 학습하여 각 단어의 벡터를 생성하게 된다. LSA나 Word2Vec, FastText, Glove 등이 워드 임베딩의 주요한 방법론들이다. 최근에는 RNN(순환 뉴럴 네트워크), 어텐션 메커니즘(Attention Mechanism)과 같은 머신러닝 기반 인코딩 방법들이 텍스트의 감성 분류 등에 많이 이용되고 있다.

특히, 본 연구에서는 어텐션 메커니즘을 사용하여 임베딩 벡터를 만들어내는 방법을 주목하고 있다. 어텐션 메커니즘의 어텐션은 말 그대로 '집중'이다. 사람이 문장을 읽어낼 때에 문장의 모든 구성 요소에 다 주의를 기울이는 것은 아니다. 예를 들어 "정책구상이 모두 현금살포네 헬기타고 전국 돌아다니며 뿌려라 누구는 주고 누구는 안주냐?"라는 댓글이 있으면 여기에서 눈에 띄는 단어는 '정책구상', '현금살포', '헬기', '뿌려라', '누구', '안주냐'라고 볼 수 있으며 이 단어들 중 '뿌려라', '안주냐'와 같은 말투가 '공격적 어조'를 가지고 있는 것으로 코딩이 되었다.

어텐션 메커니즘은 BERT와 같이 seq2seq 형태(인코더-디코더)로 되어 있다. 여기서 seq2seq란, 인코더와 디코더라는 2개의 모듈에서 각각 입력과 출력을 담당하면서 '매칭'되는 정보를 찾아내는 것을 의미한다(Sutskever, Vinyals & Le, 2014). 〈그림 2〉는 seq2seq 모델의 대표적인

〈그림 2〉 seq2seq 모델

형태를 나타내고 있다.

여기에서 컨텍스트 벡터(Context Vector)는 인코더 모듈의 RNN을 통해 만들어진 '입력' 문장의 워드 임베딩으로부터 만들어지게 되는데, 이 컨텍스트 벡터는 다시 디코더의 입력으로 들어가서 출력 문장을 만들어내게 된다. 이때 '훈련 과정'에서 디코더의 입력으로 또하나가 더 들어가게 되는데 그것이 바로 '타깃' 문장이다. 즉, 입력에 대한 '정답' 데이터가 디코더의 입력으로 같이 들어가게 되어 결국 디코더는 타깃 문장과 최대한 유사해지도록 훈련된다.

어텐션 메커니즘은 위의 seq2seq를 그대로 구현하지만, 인코더 부분에서 중요한 정보를 다시 '재참조'한다는 특징이 있다. 마치 사람이 어떤 결정을 하기 전에 참고 자료를 다시 보는 것처럼 말이다.

이 다시 참고하는 과정이 바로 어텐션 스코어라는 값을 구하는 과정이다. 어텐션 스코어를 구하는 이유는, 현재 '디코더'를 통해 찾아낸 답이 인코더와 얼마나 유사한지를 판단하기 위해서이다. 가장 간단하게는 '내적'이라는 방법을 통해 인코더의 벡터와 디코더의 벡터를 서로 내적하여 구한다(인코더와 디코더의 은닉 상태라든지, 시점이라든지 하는 개념은 여기에서는 다루지 않도록 하겠다). 내적을 통해 구한 어텐션 스코어는 인코더 내부의 셀의 개수만큼 나오게 된다. 그리고 이 각 값을 소프트맥스 함수에 통과시켜 어텐션 가중치를 얻게 되는데, 모든 가중치는 그 합이 1이 되도록 분포하는 어텐션 분포하에 존재하게 된다. 어텐션의 최종 결괏값은 각 셀에서 나오는 가중치를 합친 형태로 나타나게 된다.

그리고 이 어텐션 값은 인코더의 문맥 정보를 포함하고 있으므로 '컨텍스트 벡터'라고 불린다. 최종적으로, 이 컨텍스트 벡터는 다시 디코더의 현재 상태의 벡터와 연결되어 디코더의 출력을 만들어내게 된다(Bahdanau et al., 2014).

본 연구에서는 어텐션 메커니즘을 이용하여 댓글의 '비시민적 키워드'를 추출해내려고 한다. 코더들은 비시민적 댓글의 라벨링을 진행할 때 비시민적인 표현들을 따로 표기하였는데, 이 표기를 타깃 데이터로 사용하여 어텐션 메커니즘을 훈련시키게 되면 비시민적인 표현이 섞인 댓글 중에서 비시민적 단어들을 키워드로서 찾아낼 수 있다. 이후 다시 해당 키워드를 워드 임베딩한 후, 분류 알고리즘에 적용하게 된다.

(3) 분류

지도학습의 경우, 라벨링 데이터는 대부분 원-핫-인코딩 방법을 써서 표현하게 된다. 즉, 데이터를 지정할 카테고리가 3개라면

class 1: 1 0 0

class 2: 0 1 0

class 3: 0 0 1

과 같은 방식으로 표현하게 되는 것이다. 여기서 1의 위치를 파악함으로써 어떤 클래스에 속하는지 알 수 있다.

그러나 본 연구에서는 위의 방법을 그대로 적용하는 것이 어렵다. 본 연구에서는 〈표 1〉에서 언급된 바와 같이 무례한 표현, 정책 폄훼, 공격적 어조, 필요 없는 욕설, 지역 차별, 장애 차별, 성차별, 인종 차별, 종교 차별, 소수자 차별, 직업 차별, 연령 차별, 정치적 지지자 차별의 총 13가지 영역에 대해 판별하려고 한다. 13가지 영역을 원-핫-인코딩으로 표현하는 것은 어렵지 않으나, 본 연구에서는 하나의 댓글이 중복적 표현을 가지고 있는 것을 핸드 코딩을 통해 확인하였기 때문에 라벨링 역시 여러 영역에 중복적으로 표기하게 되었다. 그러므로 영역은 13가지이지만 그 조합까지 생각하게 된다면 총 8,000여 개의 클래스가 존재하는 것이다.

이를 원-핫-인코딩으로 표현하는 것은 비효율적이기 때문에 본 연구에서는 각 카테고리마다 0과 1 2개의 클래스를 가진 뉴럴 네트워크를 구현하고자 한다. 그렇게 되면 총 13개의 뉴럴 네트워크 분류기가 존재하게 되며, 각 분류기에서의 결과를 다시 하나의 벡터로 생성하여 본래의 라벨링 값과 비교할 예정이다.

03 머신러닝을 활용한 온라인 뉴스 댓글에서의 비시민성 검출

결론

　본 연구는 댓글의 비시민성을 분류하는 여러 연구들처럼 머신러닝 알고리즘을 사용하였다. 그러나 본 연구의 다른 점은, '라벨링'을 진행할 때 '키워드'를 함께 기재하여 어텐션 알고리즘을 효율적으로 적용할 수 있다는 것과 댓글의 비시민성을 기존 연구보다 더 세분화(7에서 13)하였다는 것 두 가지이다.

　댓글의 비시민성을 분류하는 것은 기술적인 차원에서 의미가 있기보다는, 라벨링을 진행하는 기준인 코딩 스킴이 얼마나 명확하고 상호 배타적으로 만들어졌는지의 측면에서 의미가 있다. 그렇기 때문에 연구를 진행하는 과정의 많은 리소스가 데이터의 수집과 정제, 코딩 스킴의 구축, 코더의 훈련, 그리고 코딩 과정에 집중되어 있다.

　현재 이 연구는 코딩된 데이터를 사용하여 어텐션 알고리즘 및 분류를 위한 뉴럴 네트워크(신경망) 알고리즘을 적용하며 알고리즘의 파인 튜닝을 진행하고 있다. 정확도는 카테고리별로 F1 Score를 측정하여 나타낼 예정이다.

아직은 정확도를 예측할 수 없지만, 본 연구 자체가 가진 중요한 사회적 함의가 있다. 본 연구는 한국의 대선 기사에서 나온 여러 가지 비시민적인 댓글을 세분화하여, 자신과 반대의 입장에 있는 사람들을 어떠한 방식으로 공격 하는지 명확하게 파악할 수 있게 한다. 또한 샘플 데이터를 이용하여 만든 비시민성 분류 알고리즘은 샘플 데이터를 제외한 나머지 데이터에도 적용할 수 있어 단어 사전 구축의 베이스가 될 수 있다. 또한, 이 연구의 결과는 온라인 댓글의 비시민성을 억제할 수 있는 콘텐츠 개발이나 챗봇 개발, 플랫폼 개발 등으로 이어질 수 있는 기초 자료가 될 수 있기 때문에 건강한 온라인 소통을 만들어가는 첫 단추가 될 것이라고 전망한다.

04

인공지능 기자에 대한
신뢰

김소영

인공지능(artificial intelligence, AI) 기술을 통한 자동화는 우리 사회 곳곳에서 만나볼 수 있다. 이는 인간이 처리하기에는 너무 방대하고 복잡하지만 무시하기에는 중요한 데이터들의 수집과 분석을 용이하게 함으로써 다양한 산업 분야에서 자동화 시스템을 사용하고 있다. 저널리즘 영역도 자동화 기술이 깊숙이 들어와 있으며, 자동화 기술은 시청자의 데이터를 이해하고 편집 및 수집하는 것까지 뉴스 제작의 다양한 단계를 걸쳐 진행된다(Diakopoulos & Koliska, 2017; Jones & Jones, 2019).

　인공지능 저널리즘은 로봇 저널리즘으로도 불리는데, 여기서 로봇은 실제 로봇을 뜻하는 것은 아니며 데이터 수집과 분석을 통해 기사를 작성할 수 있는 컴퓨터 소프트웨어이다. 여기서 소프트웨어의 작동 방식과 규칙을 알고리즘이라 하며, 절차에 따라 중요 데이터를 고르고 기사 작성을 위해 설계된 알고리즘을 통한 자동화된 작업 능력을 인공지능 또는 로봇 저널리즘이라고 통칭한다(김동환, 이준환, 2015).

시작은 많은 전통적 뉴스 기관들이 예산 절감 등의 이유로 인공지능 기반의 뉴스 제작 알고리즘을 통해 뉴스 콘텐츠를 생산하면서부터였다. 톰슨 파이낸셜이 2006년 알고리즘을 기반으로 하여 금융 뉴스를 선보인 이후 미국의 포브스(Forbes)가 경영난을 극복하고자 내러티브 사이언스(Narrative Science)와의 협업으로 인공지능 알고리즘 '퀼(Quill)'을 도입한 것이 시발점이다(백재현 & 임종수, 2018). 이후 LA타임스(Los Angeles Times), 워싱턴 포스트(Washington Post), 블룸버그(Bloomberg)와 같은 메인스트림의 뉴스 기관들 또한 자동화 프로세스를 도입했다. 이들 회사의 뉴스 기사에서 인공지능 기자명으로 작성된 기사를 보는 것은 힘든 일이 아니다(Tandoc Jr., Yao, & Wu, 2020). 인공지능이 작성하는 스포츠, 날씨, 증권 등의 다양한 기사들은 이미 2016년부터 상용화되었으며, 심지어 중국 관영 신화통신에서는 최초의 인공지능 앵커가 2018년 하반기에, 한국의 경우 MBN의 김주하 앵커 또한 종합뉴스에서 인공지능 목소리로까지 등장하여 인공지능 기술이 뉴스 전달자로서의 역할까지 대체할 수 있음을 알 수 있다(한승연, 2021; 박선옥, 2018; 박서연, 2020; 나은영, 사영준, 나은경, 호규현, 2022).

일부에서는 인공지능 저널리즘의 시발이 '스태츠몽키(Stats Monkey)'에서 첫 구현되었다고 보기도 한다. 스태츠몽키는 인간 기자들이 실질적인 취재 활동에 집중할 수 있도록 스포츠 경기 데이터를 알고리즘을 바탕으로 자동 수집하여 기사를 작성할 수 있게 설계된 프로그램이다(강정수, 2014). 스태츠몽키를 시작으로 인공지능 저널리즘은 뉴스 메시지를 전달하는 데 있어 상당한 기여를 하고 있다. 로스앤젤

레스 타임스의 인공지능 기자 '퀘이크봇(Quakebot)'은 LA 및 주변 지역에서 발생하는 지진 정보를 실시간으로 수집하여 진도 3.0 이상일 경우 자동으로 기사를 작성해 알린다. 워싱턴 포스트의 인공지능 기자 '헬리오그래프(Heliograf)'는 스포츠, 날씨 등의 반복적인 기사를 필요로 하는 분야에서 활약하는데 인공지능 기자를 통해 오타 및 트래픽 감소라는 성과를 달성하기도 했다(Tandoc Jr. et al., 2020).

인공지능 기자 vs. 인간 기자

인공지능 저널리즘은 스포츠 경기, 날씨 정보, 증시 변화, 부동산 시세 등의 반복적인 기사 작성에 한해 사용하는 경우가 대부분임에도 언론 산업의 중심 기술이라는 데 이견은 없을 것이다. 최근 자연어 처리 기술(NLP)의 빠른 발전은 뉴스 작성 자동화에 완성도를 높여 퀄리티 높은 기사 생성에 도움을 주고 있다(장희수, 2022). 그렇다면 인공지능 기자가 인간 기자를 완전히 대체할 수 있을까? 인공지능 저널리즘이 막 상용화된 2016년만 해도 인간 기자의 자리가 위태롭다는 말이 있었다. 또한 기존 언론에 대한 낮은 신뢰로 인해 '인간보다 기계가 낫다'라는 의견도 많았다. 연합뉴스에서도 지난 2019년부터 금융감독원 전자공시시스템에 오르는 실적 공시나 로또 당첨 번호, 지진 등의 기사 작성을 인공지능 기자로 대체하였다. 그러나 의제 발굴, 인터뷰, 심층 취재와 같이 인간 기자를 대체할 수 없는, 인공지능 기술의 데이터 수집만으론 할 수 없는 분야가 분명 있으며, 반복형

〈그림 1〉 알고리즘을 바탕으로 기사를 작성하는 인공지능 기자를 표현

기사를 인공지능 기술로 해결하면서 이상적인 분업이 이루어지고 있다고 실무자들은 평가하고 있다(추왕훈, 2019). 실제로 한국리서치에서 실시한 설문에서도 인공지능 기자가 인간 기자의 업무를 돕는다(58%)가 빼앗는다는 의견(30%)보다 높았다. 물론 인공지능 기자의 발전이 인간 기자의 업무량을 축소시킨다는 의견도 과반(54%)으로 인간 기자의 대체에 대한 우려도 있음을 알 수 있다(이동한, 정한울, 2019).

  인공지능 기술이 좀 더 발전하면 정치, 사회, 경제 등의 전반적인 뉴스 기사 작성도 가능할 것으로 평가되고 있다. 그러나 인공지능 기자가 인간 기자와 유사한 역할을 할 것이라는 가정하에 뉴스 기사를 접하는 수용자들이 얼마나 인공지능 기자를 믿고 신뢰할 수 있는지가 관건이다. 인공지능이 기반되어 있는 저널리즘은 콘텐츠를 생산하고 제공하는 데 있어 방대한 데이터를 기계가 처리한다는 점에서 효용성이 높다. 인공지능 기자는 수천 건의 기사도 금세 써낼 수 있으며 지치지 않는다(추왕훈, 2019). 그러나 무분별한 데이터 남용에 대한 문제점과 편향된 정보를 제공할 수 있다는 한계점이 있다(박진아, 2019; 이희옥, 2021).

인공지능 저널리즘의 현황

국내 및 해외 메이저 언론사들의 인공지능 기자 도입 현황을 살펴 보면 앞서 말했듯 스포츠, 날씨, 증시 변화와 같은 주로 객관적 사실 을 기반으로 한 데이터를 활용할 수 있는 수준에서 사용되고 있음을 알 수 있다(〈표 1〉).

국내의 경우 2016년 상반기에 파이낸셜뉴스가 선보인 '아이엠FN 봇(IamFNBOT)'이 최초이다. 후발 주자로는 이투데이의 '이투봇(e2B-OT)', 서울경제의 '뉴스봇(newsbot)' 등이 있으며 주식 시황, 기업정보 및 실적 등에 대해 기사 작성을 하고 있다. 특히 연합뉴스의 '사커봇 (Soccer Bot)'은 영국 프리미어리그의 모든 축구 경기 데이터를 수집 및 분석하여 기사화한다. 이처럼 인공지능 기자는 우리 삶 깊숙이 들어 와 있다. 그러나 인공지능 기자의 신뢰성에 대한 비판적 시각도 여전 히 존재한다. 인공지능 기자는 인간 기자만큼 분석적인 기사를 쓸 수 없다는 시각 때문이다(Dörr & Hollnbuchner, 2017; 이윤영, 안종묵, 2018).

이런 비판적 시각을 다른 쪽에서는 단선적인 사고라고 주장하며, '인공지능 기자가 인간 기자를 대체할 수 없다'라는 생각에서 벗어나야 한다는 의견도 많다. 인공지능 기자는 인간 기자의 일자리 대체의 위협을 주는 대상이 아니라, 알고리즘을 통해 실제 인간 기자가 해야 하는 주식 시황 등의 단순 사실을 전달하는 기사 등의 속보가 중요한 업무에 큰 도움이 되며, 많은 인간 기자들이 실제로 인공지능 기자가 이를 대신해주길 바라고 있다(손재권, 2016).

〈표 1〉 국내외 주요 언론사 인공지능 저널리즘 도입 현황

국가	언론사	로봇 기자	현황
미국	AP통신	워드스미스	매 분기 3000여 개의 기업 실적 기사 서비스
	LA타임스	퀘이크봇	진도 3.0 이상 지진 발생 소식 작성
	워싱턴 포스트	핼리오그래프	브라질 리우올림픽 도입 이후 선거 뉴스까지 확대
	포브스	퀼	증권 시황과 스포츠 경기 결과 등의 기사 작성
영국	가디언	로봇 편집장	온라인 기사 중 관심이 큰 기사 선정 및 편집
중국	남방도시보	샤오난	1300자 분량의 열차 관련 교통 뉴스 제공
	큐큐닷컴	드림라이터	1000자 분량의 경제 뉴스 서비스
한국	SBS	나리	2017년 5월 대통령 선거 개표 사항 실시간 보도
	대구일보	에이프	2017년 10월부터 프로야구 경기 중계
	아시아경제	아경봇	2016년 2월 25일부터 증권 시황과 날씨 등을 보도
	연합뉴스	사커봇	영국 프리미어리그 축구 결과 실시간 보도
	전자신문	엣뉴스	증권 시세 중심으로 실시간 보도
	아이낸셜뉴스	아이엠FN봇	2016년 2월 21일부터 증시 시황 작성
	헤럴드경제	히어로(HeRo)	주가현황, 주주변동, 기업실적 등의 기사 작성

출처: 이정일 & 정원준, 2020

이에 따라 한국리서치 '여론 속의 여론'에서 인공지능 기자가 작성한 뉴스 기사의 신뢰도에 대한 뉴스 수용자들의 의견을 살펴보고자 전국 만 19세 이상의 성인 1,000명을 대상으로 웹 기반 조사를 실행하였다. 이 조사는 2019년에 진행된 결과로 당시 15%의 조사 대상자가 인공지능 저널리즘을 접해봤으며, 42%의 대상자들은 인공지능 저널리즘에 대해 바람직하지 않다는 인식을 가지고 있었다. 인공지능 저널리즘이 생산하는 뉴스 기사의 양 대비 노출된 비율은 낮았으며, '매우 자주 보았다'는 응답은 2%, '가끔 보았다'는 13%에 불과하였다. 이는 총 조사 대상자 1,000명 중 148명(15%)만이 인공지능이 작성한 기사를 본 경험이 있다고 답한 것이다.

그러나 이 수치는 정확하지 않을 수도 있다. 뉴스 기사를 읽는 많은 수용자들은 기사 제목과 내용에 중심을 두지, 기사를 쓴 기자에 대해서는 보통 관심을 두지 않기 때문이다. 이에 따라 인공지능이 작성한 4개의 기사와 인간 기자가 쓴 2개의 기사를 보여준 후 설문에 참여한 사람들에게 누가 쓴 기사인지 유추해보게 하였다. 이에 4개 이상 맞춘 사람은 26%, 3개 이상 맞춘 사람은 28%였으며, 46%의 사람은 2개 이하로 맞췄다(이동한, 정한울, 2019). 이는 인공지능 기자가 작성한 기사에 노출된 적이 있었더라도 수용자 스스로 인지하지 못하였을 가능성을 시사한다. 특히 단순 수치 위주의 기사의 경우 인공지능 기자가 작성한 기사로 보는 경향이 있음에도 불구하고, 비트코인 전망에 대한 기사에 노출된 응답자의 66%가 인간 기자가 작성했다고 보았다. 또한 주식 시황 수치에 대한 기사도 10%의 식별률에 그쳤다.

인공지능 기자에 대한 신뢰

  인공지능 저널리즘의 영역이 넓어짐에 따라 인공지능 기자가 작성한 뉴스의 신뢰도에 대한 연구도 늘어나는 추세이다. 뉴스 수용자들에게 인공지능 기자와 인간 기자 중 누가 쓴 기사를 더 선호하는지 물었을 때 정치(53%:13%)나 선거(50%:11%), 경제(58%:14%)와 같은 공적인 분야의 경우 인공지능 기자가 쓴 기사를 과반수의 응답자들이 더 선호한다고 하였으며, 연예(24%:33%), 문화(22%:38%) 분야의 경우는 인간 기자가 쓴 기사를 더 선호한다는 결과가 나왔지만 과반에는 못 미쳤다. 이는 연예나 문화 이슈의 경우 인간 기자의 주관적이고 포괄적인 견해가 들어가도 좋지만 정치와 선거, 경제 분야의 민감한 이슈는 인공지능의 객관성을 높이 평가하였기 때문이라고 볼 수 있다.

  흥미롭게도 인공지능 저널리즘을 접해봤다는 응답자들의 수가 많지 않고 과반에 가까운 사람들이 인공지능 저널리즘에 대해 부정적인 인식을 가지고 있었음에도 불구하고 뉴스 기사의 가독성, 중립성, 정확성, 신뢰성 등에서 인공지능 기자가 쓴 기사가 인간 기자가 쓴 기사보다 더 낫다고 평가했다. 인간 기자는 이해와 재미라는 2개의 항목에서 인공지능 기자보다 우위에 있다고 보았다는 것이다(이동한, 정한울, 2019). 실제로 서울대의 프로야구 뉴스로봇 '야알봇'과 인간 기자가 쓴 프로야구 기사에 대해 기자와 일반 대중 응답자들은 기자 작성 주체의 차이를 구분하지 못했다. 인공지능 기자가 작성한 기사의 퀄리티가 인간 기자의 결과물 이상이라는 평가도 관련 선행 연구에서 나타났다(Jung, Song, Kim, Im, & Oh, 2017).

또 다른 인공지능 기자와 관련한 신뢰도에 관한 선행 연구에서는 공중 토론이 온라인 사이트를 통해 활발하게 이루어질수록 인공지능 기자가 작성한 기사에 대한 신뢰도가 높아진다고 하였다. 수용자들이 특정 기사에 대해 토론하는 것은 해당 기사에 대한 사회적 신뢰가 높다는 것을 뜻한다고 보았다(Lee, Nah, Chung, & Kim, 2020).

신뢰도 평가 속성

　인공지능 저널리즘에 대한 선행 연구들을 살펴보면, 신뢰성을 비롯하여 신속성, 전문성, 상호작용성 등의 범주로 평가 속성에 대해 구분한 것을 알 수 있다. 이 중 신뢰는 수용자들이 정보를 취사선택할 때 가장 중요하게 생각하는 것 중 하나이다. 송종길(2007)에 의하면 수용자들은 정보에 대한 신뢰로 정보의 깊이, 공정하고 독창적이면서 최신의 정보일 것, 그리고 언론사와 기자 개인의 사견이 개입되지 않은 것에 무게를 두었다고 하였다.

　반면 기자들은 완벽하면서도 정확하고 공익을 고려한 것을 정보 신뢰도에 있어 중요하다고 보아, 수용자와 기자 집단 간의 의견 차이가 있음을 알 수 있다. 물론 기사 신뢰도에 대한 평가 항목은 선행 연구마다 차이가 존재한다. 특히 인공지능 저널리즘에 대한 신뢰성에 관한 선행 연구만 해도 로봇 기자를 더 신뢰한다는 결과와 반대의 결과를 가진 연구가 있다. 김대원(2017)은 신뢰는 쓸모 있는 기사의 전제 조건이라고 하였다. 2016년 미국 대선에서 부상한 '가짜 뉴스(fake news)'로 인해 정보에 대한 팩트 체크는 수용자들로 하여금 기사 취사에 있어 중요한 부분으로 작용하게 되었다. 신뢰할 수 없는 정보는 결국 선택받을 수 없음을 알 수 있다. 특히 해당 연구에서는 인공지능 기자가 작성한 뉴스의 경우 신뢰와 유용성이 기초될 때 수용자들에게 선택될 수 있다고 하였다.

인공지능 저널리즘 관련 연구 사례

　본 연구에서는 인공지능이 작성한 뉴스 기사에 대한 수용자의 신뢰도를 알아보고자 2개의 실험 연구를 동시에 진행하였다. 첫 번째 실험에 참가한 피험자들은 3개의 다른 작성 주체(인간 기자 vs. 인공지능 기자 vs. 인간과 인공지능의 공동 기자)×2개의 다른 뉴스 프레임(정치 이슈 vs. 과학 이슈)에 노출되었다. 두 번째 실험에 참여한 피험자들은 2개의 다른 작성 주체(인공지능 기자 vs. 인간과 인공지능의 공동 기자)×2(사전 메시지 유 vs. 무)의 동일한 가짜 뉴스 기사에 노출되었다.

　실험은 온라인 리서치 업체 '엠브레인'을 통해 진행되었으며, 실험에 참여하는 패널들은 해당 업체의 포인트를 부여받았다. 실험은 대한민국 전국에 거주 중인 513명의 20~59세 성인 남녀를 대상으로 진행되었으며, 그들의 평균 나이는 36.29세, 49.5%가 남성이었다. 실험에 참여한 패널의 64.5%가 수도권에 거주 중이었으며, 55.7%가 대졸 이상의 학력을 가지고 있었다. 가구 총 월수입의 경우 400

만원 미만이 39.4%, 800만원 이상이 10.5%라고 대답하였다.

절차

첫 번째 실험에 참여한 피험자는 총 256명으로 6개의 컨디션 중 하나에 랜덤하게 배정되었다. 피험자들은 코로나19 관련 백신 뉴스에 대

"현재 백신 영국 변이 바이러스에는 충분한 방어 효과 보여"

입력 2021.02.08. 오후 3:35

김재환 기자, 아이넷 AI 로봇 기자

변이 바이러스에 대해 현재 사용 중인 백신들이 효과가 있느냐는 질문에 정은경 질병관리청장은 현재 개발된 백신들이 영국 변이 바이러스에 대해서는 충분한 방어 효과를 보여주고 있다고 설명했습니다.

정은경 청장은 오늘(8일) 충북 오송 질병관리청사에서 열린 코로나19 백신 특별 브리핑에서 "최근 문제가 되고 있는 영국발 변이는 현재 개발된 백신 대부분으로 충분한 방어 효과를 보여주는 것으로 보여진다"라면서 "백신을 접종받으시면 영국 변이 바이러스에 대해서는 큰 걱정을 안 하셔도 된다"고 밝혔습니다.

정 청장은 "다만, 남아프리카 변이주에 대해서는 백신에 의해서 유도된 중화항체 방어 능력이 좀 낮아지는 것으로 보고가 되고 있다"고 덧붙였습니다.

이어 백신의 기능에는 두 가지가 있는데 "백신의 기능 중의 하나가 내 몸에 바이러스가 들어와도 중증도로 가는 것을, 즉 아프지 않게 하는 것을 막아주는 기능이 있다"면서 "현재 국내에 도입될 모든 백신이 백신을 접종한 사람이 바이러스 감염 때문에 중증으로 가는 것은 어느 정도 잘 막아내는 것으로 보인다"고 설명했습니다.

정 청장은 "백신을 접종받으시면 바이러스가 공격해도 최소한 아프지는 않게 하겠구나, 라고 생각하시면 된다"면서 "너무 큰 걱정은 하지 마시고 일단은 백신의 순서가 돌아오면 접종을 받으시는 것이 굉장히 중요하다"고 강조했습니다.

〈그림 2〉 실험에 사용된 코로나19 백신 뉴스 관련 정치 프레임 기사

해 정치(〈그림 2〉 참조) 혹은 과학 프레임으로 짜인 기사를 읽었다.

정치 프레임의 기사는 현 정치인이 코로나19 백신의 방어 효과에 대해 설명하는 기사였으며, 과학 프레임의 기사는 코로나19 백신의 방어 효과에 대해 현직 의생명과학과의 교수가 설명하는 기사였다. 피험자들은 3개의 다른 작성 주체인 인간 기자, 인공지능 기자, 혹은 인간과 인공지능 공동 기자에 랜덤하게 노출되었고, 기사를 읽고 난 뒤 바로 해당 기사를 작성한 저자에 대해 답하였다. 뉴스 기사를 읽을 때 기사를 작성한 주체에 대해 집중하는 경우는 극히 드물다는 것은 모두가 아는 사실이다. 따라서 제시된 기사의 내용과 글쓴이를 살펴보며 읽어달라는 문구를, 기사를 노출하기 전에 추가하였다.

피험자들의 24%는 자신이 읽은 기사의 작성 주체를 정확히 알고 있었으며, 32%는 틀린 답을 하였다. 44%는 기억나지 않는다고 대답하였다. 이는 뉴스를 읽는 보통의 사람들은 작성 주체에 대한 관심보다는 보도되는 뉴스 자체에 집중한다는 사실을 말하고 있다(Culbertson & Somerick, 1976; Yadamsuren & Erdelex, 2011; Tandoc Jr. et al., 2020).

두 번째 실험에 참여한 피험자는 총 257명으로 4개의 컨디션 중 하나에 랜덤하게 배정되었다. 피험자들은 2개의 다른 작성 주체인 인공지능 기자 혹은 인간과 인공지능의 공동 기자가 작성한 코로나19 백신에 대한 가짜 뉴스를 읽었다. 피험자들은 모두 동일한 가짜 뉴스를 읽었으며, 이들 중 일부는 인공지능 기자에 대한 기술 설명이 담긴 실험을 위해 만들어진 한국기자협회의 페이스북 글(〈그림 3〉 참조)을 사전에 읽었다.

첫 번째 실험과 마찬가지로 뉴스 기사를 제공하기 전에 기사의 내용과 글쓴이에 대해 살펴보며 읽어달라는 문구를 넣었으며, 기사를 읽고 난 뒤 바로 해당 기사를 작성한 저자에 대해 답하게 하였다. 피험자들의 19%는 자신이 읽은 기사의 작성 주체를 정확히 알고 있었으며, 28%는 틀린 답을 하였다. 53%는 기억나지 않는다고 대답하였다.

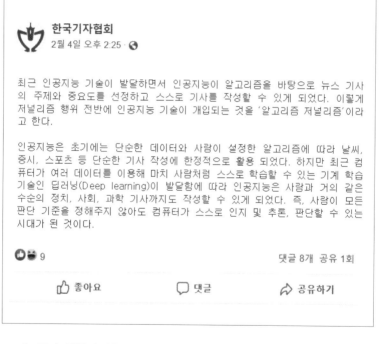

〈그림 3〉 실험에 사용된 인공지능 기술에 대한 설명이 담긴 사전 메시지

인공지능의 한계

첫 번째 실험에서 피험자들은 3개의 다른 작성 주체와 정치 프레임과 과학 프레임의 2개의 다른 기사 유형에 노출되었다. 본 연구 결과, 기자 유형과 기사 유형에 따른 요인분석 모형은 적합한 것으로 나타났지만 신뢰도 평가값은 통계적으로 유의미하지는 않았다.

두 번째 실험에서는 인공지능 기자 혹은 인간과 인공지능의 공동 기자가 작성 주체인 동일한 기사에, 인공지능 기술에 대한 사전 메시지의 유무로 집단을 나누어 진행하였다. 본 연구 결과, 기자 유형과 사전 메시지의 주효과는 유의미하지 않았지만, 상호작용은 유의미하였다. 이에 따라 사후 분석을 실시한 결과, 인공지능 기자가 작성 주체일 때 기사 메시지의 신뢰도가 유의미하게 증가하는 것으로 나타났다. 이러한 결과는 인공지능 기자가 편향되고 주관적일 수 있다는 접종 메시지를 접한 피험자들은 이미 인공지능에 대한 한계를 인식하고 이를 토대로 인공지능 기자가 쓴 기사가 더 신뢰도가 있다고 평가했을 가능성이 있다는 것을 의미한다.

인공지능 저널리즘의 미래

인공지능 저널리즘으로 인해 뉴스 미디어 생태계에 큰 변화가 일어난 것은 부정할 수 없는 사실이다. 인공지능 기자는 인간 기자의 단순한 업무를 이미 대체하고 있다. 실제 인공지능 도입으로 2020년 마이크로소프트사에서 운영하는 MSN 뉴스에서 근무하던 대다수 인력을 인공지능 기자로 대체한다고 전해 파장이 일었다. 이는 당시 코로나 팬데믹 상황으로 인한 경영난 때문이라는 시각도 있었지만 자동으로 뉴스를 업데이트하는 기술 도입으로 인한 조치라 밝혔다. 이에 반발한 해고된 기자들은 기사의 편집을 인공지능에 편승하는 것은 위험한 일이라며, 인간 기자의 경우에는 뉴스 수용자들의 연령 및 특성을 고려한 편집을 해왔지만 아직 인공지능에게 이런 업무를 넘기는 것은 시기상조라는 우려를 표명하기도 했다. 실제로 우려한 바와 같이 MSN의 인공지능 기자가 기사를 편집하는 과정에서 기사와 관련하여 전혀 다른 인물의 사진을 사용하였고, '인종 차별'이라

〈그림 4〉 인공지능 vs. 인간

는 민감한 주제로 인해 여론의 뭇매를 맞았다. 아이러니한 것은 이를 수습한 건 인간 기자들의 몫이었으며, 인공지능의 실수에 대한 수습과 관련하여 의문점이 남았다. 최신의 알고리즘도 아직 인간을 완벽하게 대체하는 것은 불가하다(김지현, 2020). 손재권(2016) 또한 인공지능 기자와 인간 기자의 큰 차이는 '신뢰 네트워크'라며, 인공지능이 인간 기자의 단순 업무는 이미 대체하였지만 실질적인 현장 취재와 인터뷰 및 의견 공유 등의 실제에 기반을 둔 취재는 절대 대체할 수 없음을 알렸다.

인공지능 저널리즘에 대한 불편한 시선은 앞으로도 계속 있을 것이다. 그러나 부정적인 인식 속에서도 알고리즘을 바탕으로 인공지능이 작성한 기사가 가질 수 있는 객관성이라는 메리트는 인공지능 기자에 대한 신뢰로 이어질 것이다.

05

사이버 불링과
사회 규범

정민웅

사이버 불링(cyberbullying)은 디지털 반시민적 커뮤니케이션의 대표적 사례로서 우울증, 불안 장애, 분노 조절 장애, 마약 중독, 사회적 불신감 형성, 외상 후 스트레스 증후군, 자살 등 피해자의 개인적 및 사회적 웰빙에 심각한 악영향을 미치는 것으로 알려져 있다(Nixon, 2014; Ranney et al., 2016). 본 챕터는 우선 사이버 불링의 정의와 현황을 소개한 후, 사회 규범의 정의와 이론, 사회 규범이 사이버 불링에 미치는 영향에 대해 살펴본 뒤 향후 사이버 불링 연구의 방향성을 제안한다.

사이버 불링의 정의

　정보 통신 기술의 발전과 SNS와 같은 소셜 미디어 이용의 확산은 사람들의 일상적인 사회적 상호작용을 전통적인 대면 방식에서 디지털 기술이 매개된 방식으로 전환시켰으며, 많은 사람들로 하여금 온라인상에서의 관계를 그들의 사회생활에 중요한 요소로 만들었다(Kwan & Skoric, 2013). 이러한 커뮤니케이션 양상의 변화는 반드시 긍정적인 측면만 있었던 것은 아니었는데, 대표적인 부정적 현상의 예시로 대면 상황에서 남을 괴롭히던 행위가 디지털 세상으로 무대를 옮긴 '사이버 불링'이라 할 수 있다. 사이버 불링의 정의는 다양하지만, 일반적으로 디지털 미디어상에서 타인에게 해를 끼치거나 불쾌감을 주기 위한 목적을 가지고, 그 사람에게 적대적이거나 공격적인 메시지를 반복적으로 전달하는 개인적 또는 집단적 행위를 일컫는다(Tokunaga, 2010). 사이버 불링은 또한 직접적 가해자나 피해자가 아닌 제3자, 즉 주변인(bystanders)의 관점에서 어떤 한 피해자가 온라인상에서 특정 가해자(들)로부터 고의적으로 괴롭힘을 당했다고 판단될 때도 정의할 수 있다(Schultz et al., 2014). 디지털 커뮤니케이션 기술을 이용하는 곳이면 어디든(예: 인스턴트 메시지, 이메일, 온라인 채팅방이나 게시판 등) 사이버 불링은 일어날 수 있지만 페이스북, 인스타그램, 트위터와 같은 SNS는 사이버 불링이 일어나는 가장 흔한 채널로 알려져 있다(Pew Research Center, 2021).

사이버 불링은 가해와 피해 경험, 주변인들의 개입 결정 등 상당 부분 기존 오프라인에서 남을 괴롭히는 행위들과 유사한 양상을 띠고 있으면서도 질적으로 다른 중요한 특징들이 있기 때문에 추가적인 연구와 논의의 필요성이 제기되어왔다(예: Menesini et al., 2013; Thomas et al., 2015). 대표적인 사이버 불링만의 특징들로는 1) 소통의 시공간적 제약을 초월하는 디지털 미디어의 특성상 언제 어디서든 괴롭힘이 일어날 수 있다는 '지속성(persistent)', 2) 특별한 조치가 가해지지 않는 이상 소통(괴롭힘)의 기록이 영구히 보존될 수 있다는 '영속성(permanent),' 3) 상대적으로 주변인들이 목격하기 어려울 뿐만 아니라, 직접적이고 즉각적인 물리적/신체적 피해가 눈에 보이지 않는 경우가 많다는 '발견의 어려움(hard to notice)' 등이 논의된다(stopbullying.gov, 2021). 이와 같은 사이버 불링만의 특징들은 결국 사이버 불링의 가해를 더욱 은밀하게 만들며 그 효과는 보다 지속적이고, 주변인들의 개입을 한층 어렵게 만들어 사이버 불링의 피해자들에게 기존 오프라인에서의 괴롭힘에 비해 더 큰 악영향을 미칠 수 있다고 알려져 있다(Hellfeldt et al., 2020).

사이버 불링의 대표적인 유형으로는 다음의 여덟 가지가 있다 (Willard, 2007). 첫 번째는 플레이밍(flaming)으로, 공격적이고 적대적인 메시지를 보내는 것이며, 두 번째는 괴롭힘(harassment)으로, 반복적으로 특정 피해자에게 불쾌하거나 모욕적인 메시지를 보내는 것을 의미한다. 세 번째는 명예 훼손 혹은 모욕(denigration)으로, 피해자의 명성이나 사회관계에 해를 끼치기 위해 그 사람에 대한 확인되지 않은 루머나 가십을 퍼트리는 것을 의미한다. 네 번째는 사칭(impersonation)으로, 피해자를 곤란하게 만들기 위해, 혹은 피해자의 명성에 흠집을 내기 위해 해당 피해자인 척하거나, 해당 피해자를 대신한다는 명목으로 다른 사람들에게 무언가를 전송하는 것을 의미한다. 다섯 번째는 폭로(outing)로, 피해자의 비밀이나 피해자가 수치심을 느낄 수 있는 정보를 다른 사람들과 공유하는 것을 의미한다. 여섯 번째는 권모술수(trickery)로, 피해자의 비밀이나 피해자가 수치심을 느낄 수 있는 정보를 아는 사람을 구슬러 해당 정보를 공유하게 하고, 그것을 더욱 널리 퍼트리는 것을 의미한다. 일곱 번째는 제외 혹은 차단(exclusion)으로, 의도적으로 온라인상 특정 집단에서 피해자를 제외하는 것을 의미한다. 여덟 번째는 사이버 스토킹(cyberstalking)으로, 피해자가 위협, 공포, 두려움을 느낄 만큼 반복적으로 끊임없이 피해자를 온라인상에서 따라다니거나 괴롭히는 것을 의미한다. 이러한 여덟 가지 사이버 불링의 유형을 다섯 가지로 줄여, 언어폭력(예: 공격적 언어나 욕설 사용, 말 따라 하기, 위협, 비방 등), 집단 폭력(예: 피해자가 원치 않는 특정 집단에 가입하게 하거나 소속된 특정 집단으로부터 따돌림 등), 시각적 폭

〈그림 1〉 사이버 불링

력(예: 피해자의 동의 없이 피해자가 수치심을 느낄 수 있는 사진이나 동영상과 같은 시각적 정보를 남들에게 공유하는 등 온라인에 퍼트리는 행위), 사칭 혹은 신원 도용(예: 비밀번호 빼내기, 가짜 계정을 만들어 사칭하기 등), 그 밖의 행동들(예: 성적 괴롭힘, 사이버 스토킹 등)로 나누기도 한다(Zhu et al., 2021).

현재 우리나라에서 사이버 불링과 가장 유사한 의미로 통용되고 있는 용어는 '사이버 괴롭힘' 혹은 '사이버 폭력'이라 할 수 있다. 방송통신위원회(2022)의 사이버 폭력 실태조사 보고서에 따르면, 사이버 폭력이란 "사이버(인터넷, 스마트폰 등) 공간에서 언어, 문자, 영상 등을 통해 타인에게 피해 혹은 불안감, 불쾌감 등을 주는 행위로, 사이버 언어폭력, 명예 훼손, 스토킹, 성폭력, 신상정보 유출, 따돌림,

갈취, 강요 등이 있음"(p. 37)으로 정의할 수 있다. 방송통신위원회의 사이버 폭력 정의 속 직접적인 갈취와 강요 행위를 앞서 언급한 사이버 불링의 정의 속 사칭이나 신원 도용의 연장선상에서 생각해본다면 두 정의들은 상당 부분 공통점이 있다고 판단된다.

사이버 불링의 현황

주와 동료들(Zhu et al., 2021)은 청소년을 대상으로 하는 사이버 불링 연구들에 대한 체계적 문헌 고찰을 실시하였다. 프리즈마(PRISMA; Preferred Reporting Items for Systematic Reviews and Meta-Analyses) 가이드라인에 따라 선정된 63개의 연구들을 분석한 결과, 전 세계적으로 대략 14%에서 58%의 청소년들이 사이버 불링의 피해를 경험한 적 있다고 밝혔고, 약 6%에서 46%의 청소년들이 사이버 불링에 가담한 적이 있다고 보고하였다.

미국의 경우 퓨 리서치 센터(Pew Research Center, 2018)의 통계 자료에 따르면, 13세에서 17세까지의 59%가 사이버 불링을 경험한 바 있다고 보고하였다. 평균적으로는 성별 간 사이버 불링 피해 경험에 큰 차이가 없었으나(남성 59%, 여성 60%), 거짓 루머의 확산(남성 26%, 여성 39%)이나 요구한 적 없는 음란한 사진의 수신(남성 20%, 여성 29%)과 같은 항목의 경우 여성들이 더욱 자주 피해를 입고 있는 것으로 나타났다. 사이버 불링 피해 경험은 가족의 종합 소득이 낮을수록(예: 연 $30,000 이하의 경우 24%, 연 $75,000 이상의 경우 12%), 그리고 인터넷 이용 시간이 길수록(예: 하루 중 대부분의 시간을 인터넷 이용 시 67%, 그렇지 않은 경우 53%) 더욱 빈번한 것으로 보고되었다.

사이버 불링에 대한 기존 연구들은 대부분 초등학생이나 청소년을 대상으로 실시되었는데, 이는 사이버 불링 현상이 인구통계학적으로 해당 연령대에서 가장 보편적이라는 것을 반영한다(Kwan & Skoric, 2013; Lenhart, 2007). 하지만 연구자들은 사이버 불링이 해당 집단에만 영향을 미치는 문제가 아니기 때문에 성인으로까지 그 논의를 확대할 필요가 있다고 강조하였다(예: Alhabash et al., 2013; Brody & Vangelisti, 2017; Gahagan et al., 2016; Whittaker & Kowalski, 2015). 성인들을 대상으로 살펴본 사이버 불링 연구는 10대들을 대상으로 한 연구들에 비해 그 양이 현저하게 적지만 성인들, 그중에서도 20대와 30대 초반의 경우 적지 않은 수준으로 사이버 불링을 경험하고 있다는 것을 알 수 있다. 예를 들어 뉴질랜드의 경우 전체 성인의 약 15%가 사이버 불링을 경험한 바 있다고 보고하였는데, 18세에서 25세는 약 41%, 26세에서 35세는 약 24%, 36세에서 45세까지는 약 15% 등 연령이 높아질수록 사이버 불링 피해 경험이 줄어드는 것을 알 수 있다(Wang et al., 2019).

미국의 경우 퓨 리서치 센터(Pew Research Center, 2021)의 최근 자료에 따르면, 18세 이상 미국 성인의 41%가 육체적 위협, 스토킹, 지속적 괴롭힘, 성희롱, 공격적인 욕설, 의도적인 수치심 유발 중 최소 한 종류 이상의 사이버 불링을 경험하였으며, 이는 2014년, 2017년에 이어 꾸준히 증가하고 있는 추세이다. 설문에 참여한 미국 성인들 중 사이버 불링의 피해 경험은 18세부터 29세까지가 64%, 30세에서 49세까지가 49%, 50세에서 64세까지가 30%, 65세 이상은 21%로, 연령대가 높아질수록 피해 경험률은 낮아지는 패턴 또한 확인할 수 있다. 남성(43%)이 여성(38%)에 비해 더욱 자주 사이버 불링을 경험하는 데 반해, 여성(61%)이 남성(48%)에 비해 사이버 불링 문제를 더욱 심각하게 받아들이며 피해 경험 시 더욱 화가 난다고 보고하였다. 사이버 불링 피해 경험이 있는 사람들 중 절반이 정치적 견해의 차이를 자신이 타깃이 된 이유로 꼽았으며, 성별(33%), 인종(29%), 종교(19%), 성적 지향(16%)의 차이들이 그 뒤를 이었다. 사이버 불링의 피해는 소셜 미디어(75%), 온라인 게시판(25%), 문자나 인스턴트 메시지(24%), 온라인 게임(16%)의 순으로 자주 일어나는 것으로 나타났다.

방송통신위원회(2022)의 연구 결과에 따르면, 우리나라의 경우 초등학교 4학년부터 고등학교 3학년까지의 청소년들 가운데 대략 4명 중 1명(23.6%)이 사이버 불링 피해를 경험하였다고 보고하였다. 이 중 초등학생들의 피해 경험률은 27.1%, 중학생은 22.9%, 고등학생은 20.1% 로, 연령대가 높아질수록 피해 경험률은 낮아지는 양상을 확인할 수 있다. 사이버 불링의 종류에 따라 조금씩 다른 양상을 보이기는 하지만, 평균적으로는 남학생(23.6%)과 여학생(23.2%) 간 사이버 불링 피해 경험률에 큰 차이가 나타나지 않아, 성별보다는 다른 요인(나이, 인터넷 이용 시간, 과거 사이버 불링 피해/가해 경험 여부 등)이 더욱 중요한 영향을 미치는 것으로 판단할 수 있다. 성인의 경우 대략 10명 중 1명(13%)이 사이버 불링 피해 경험이 있었는데 이는 20세에서 69세까지를 모두 포함하는 평균값으로, 20세에서 29세까지의 피해 경험률은 24.4%이며 이는 청소년의 평균 수준을 웃도는 수준이다.

청소년과 성인 모두 지난 1년간 가장 많이 경험하고 목격한 사이버 불링의 유형은 사이버 언어폭력, 사이버 명예 훼손, 사이버 스토킹의 순서로 나타났으며, 사이버 불링을 자주 경험한 매체의 경우 문자나 인스턴트 메시지(청소년 55.6%, 성인 64.2%), SNS(청소년 34.5%, 성인 30.5%), 온라인 게임(청소년 18.4%, 성인 11.0%)의 순서로 보고되었다(방송통신위원회, 2022).

사회 규범

  본 섹션에서는 사회 규범의 정의와 이론, 그리고 사회 규범이 사이버 불링에 미치는 영향에 대해 경험적 연구들을 중심으로 살펴보고자 한다. 사이버 불링 현상에 영향을 미치는 다양한 요인 중 사회 규범의 영향력에 집중하는 이유는 다음과 같다.

  첫째, 앞서 기술하였듯 사이버 불링은 주로 10대와 20대 사이에서 가장 빈번하게 가해와 피해 경험 모두 보고되는 만큼 해당 인구 집단을 중심으로 연구와 논의가 가장 활발하게 이루어지고 있는데, 청소년과 청년층은 다른 연령 집단에 비해 행동 결정에 있어 또래 집단이나 가까운 친구들 사이 규범이 특히 큰 영향력을 발휘한다고 알려져 있다(Rhodes et al., 2020). 둘째, 사이버 불링을 주제로 한 많은 메타 분석 연구들은 사회 규범이 사이버 불링 가해나, 주변인으로서 사이버 불링 목격 시 개입 여부에 모두 중대한 영향을 미치는 요인으로 비교적 일관되게 보고하고 있다(예: Chen et al., 2017; Domínguez-Hernández et al., 2018; Rudnicki et al., 2022). 따라서 사회 규범과 사이버 불링 간의 관계를 살펴보는 것은, 사이버 불링과 관련된 사람들(특히나 10대와 20대)의 행동 의사 결정 과정을 더욱 잘 이해하게 도울 뿐만 아니라, 향후 사이버 불링 예방을 목적으로 하는 커뮤니케이션 캠페인의 핵심 테마로 활용될 수 있다.

사회 규범의 정의

　사회 규범이란 "어떤 특정 집단 내 구성원들이 이해하고 있는 규칙이나 기준으로, 법률적 제재 없이도 사람들의 사회적 행동에 영향을 미치는 것"(Cialdini & Trost, 1998, p. 152)으로 규정할 수 있다. 사회 규범과 유사한 표현으로는 전통, 문화, 관습 등이 있는데, 모두 특정 집단의 항상성(homeostasis)을 유지하기 위한 목적으로 해당 집단 내 사람들의 행동 양상에 영향을 미친다는 점, 사회적 상호작용을 통해 배운다는 점, 그리고 위반 시 법적인 제재보다는 사회적, 도덕적 제재가 가해진다는 측면에서 동일하다. 하지만 전통, 문화, 관습은 사회규범에 비해 상대적으로 오랜 시간에 걸쳐 형성되고 유지되며 잘 변하지 않는다는 특징이 있어 사회 규범의 결정체라고도 생각할 수 있으며, 반대로 사회 규범은 한 사회의 전통이나 문화로부터 기인하는 경우가 많고 상대적으로 역동적인 측면이 있다고 할 수 있다(Rimal & Lapinski, 2015).

사회 규범의 종류는 다음 세 가지가 가장 대표적이다. 첫 번째는 기술적 규범(descriptive norms)으로, 특정 집단 내 '어떤 행동이 만연한가', '대다수의 사람들이 하는 행동이 무엇인가'에 대한 개인의 인지를 의미한다. 기술적 규범은 사람들에게 주어진 상황 속에서 어떤 행동이 효과적이고 적절한 것인가에 대한 휴리스틱을 제공하며 사람들의 다수에 속하고자 하는 동기, 정상(normal)이고픈 동기에 부합하여 행동 결정에 영향을 미친다(Cialdini et al., 1990).

두 번째는 명령적 규범(injunctive norms)으로, 특정 집단 내 '어떤 행동이 용인되는가', '대다수의 사람들이 옳다고 여기는 행동이 무엇인가'에 대한 개인의 인지를 뜻한다. 명령적 규범은 기술적 규범과 마찬가지로 다수에 속하고자 하는 동기를 자극할 뿐만 아니라 사회적 제재를 피하고자 하는 사람들의 동기를 자극하여 행동 결정에 영향을 미친다(Cialdini et al., 1990).

기술적 규범과 명령적 규범은 개념적으로 서로 밀접하게 관련이 되어 있기 때문에 경험적으로도 '사회적으로 바람직하다고 여겨지는 행동'이 '만연한 행동'인 경우를 어렵지 않게 찾아볼 수 있다. 예를 들어 많은 사람들이 정당한 대가를 지불하고 음원이나 영상을 소비하는 것이 바람직하다고 알고 있으며, 불법 다운로드보다는 음원 사이트나 영상 사이트에서 정당하게 서비스를 이용하는 것이 만연하다고 여기는 경우를 생각해볼 수 있다. 그러나 '사회적으로 바람직하다고 여겨지지 않는 행동'이 '만연한 행동'인 경우 또한 존재한다. 많은 사람들이 온라인상에서 타인에게 상처가 될 수 있는 말을 해서는 안

된다고 알고 있으면서도, 그러한 표현들이 온라인상에서 만연하다고 생각하는 경우가 대표적이라 할 수 있다. 이렇듯 어떤 특정 행동의 사회적 만연도(social prevalence)와 사회적 용인도(social approval)에 대한 사람들의 인식 간에는 여러 가지 상황적 차이가 있을 수 있으므로, 이 두 가지 종류의 규범을 서로 구분 지어 생각하는 것이 중요하다(Cialdini et al., 1990).

세 번째는 주관적 규범(subjective norms)으로, '특정 행동을 수행하는 것에 대해 나에게 중요한 사람들(예: 가까운 친구나 가족, 연인 등)은 어떻게 생각하는가' 혹은 '나에게 중요한 주변인들은 내가 특정 행동을 해야 한다고 생각하는가'에 대한 개인의 인지로 정의할 수 있다(Fishbein & Ajzen, 1975). 특정 행동을 수행함에 있어 중요한 주변인들로부터의 사회적 압력(social pressure)을 느끼는 정도와, 그들의 기대에 부응하고자 하는 동기가 결합되었을 때 주관적 규범 인식은 개인행동에 영향을 미치게 된다.

이렇듯 세 가지 종류의 대표적 사회 규범은 서로 개념과 행동 동기의 차원에서 구분 지어질 수 있으나, 이슈나 행동, 연구 시점 등 상황적 요인에 따라 서로 높은 수준의 상관관계를 보이는 경우가 있다. 로드와 동료들(Rhodes et al., 2020)이 실시한 사회 규범 연구들의 메타분석 결과, 대학생들을 대상으로 한 기술적 규범의 실험적 처치가 그들의 기술적 규범 인지($d = .40$)뿐만 아니라 명령적 규범 인지($d = .23$)에도 유의미한 영향을 미치며, 명령적 규범의 실험적 처치 역시 명령적 규범 인지($d = .30$)와 더불어 기술적 규범 인지($d = .18$)에도 유의미한 영향을 미치는 것이 그러한 사실을 반영한다고 할 수 있다. 그러나 한 연구(Park & Smith, 2007)에 따르면, 최소한 장기 기증과 관련된 행동에 있어서는 앞서 언급한 사회적 규범 인식들이 경험적으로 서로 구분 지어질 수 있으며, 기술적 규범과 명령적 규범 역시 '나에게 중요한 사람들'(예: personal descriptive norms)과 '사회 구성원들'(예: societal descriptive norms)과 같이 준거 집단이 누구인지에 따라 더욱 세분화할 수 있다는 것을 알 수 있다.

사회 규범은 일반적으로 개인적 성과보다는 집단의 조화나 목표 달성을 중시하는 집단주의적 문화를 가지고 있는 그룹 내 구성원들에게 더욱 큰 영향력을 발휘한다고 알려져 있다(Lapinski et al., 2007). 우리나라의 경우 자신을 정의함에 있어 타인과의 관계를 중요시한다는 점(Oyserman et al., 2002)에서 일정 부분 집단주의의 양상을 보인다고 할 수 있는데(Corkery et al., 2011), 이를 반영하듯 우리나라 사람들을 대상으로 실시된 사회 규범 연구들이 사회 규범 인식과 다양한 행동 혹은 행동 의도 간 높은 수준의 상관관계를 보고한 바 있다(예: Chung & Lapinski, 2019; Kim & Kim, 2021). 그러나 국가를 기준으로 하는 문화 간 사회 규범 연구들의 결과가 일관적이지 않기 때문에(예: Jang, 2012; Kim et al., 2020) 국가 수준의 분류는 가급적 지양하는 것이 바람직하며, 보다 구체적인 준거 집단(예: 같은 동아리 회원들)으로부터의 사회 규범을 고려할 필요가 있다.

사회 규범 이론

사회 규범 인식이 사람들의 행동에 미치는 영향력을 설명하는 대표적인 이론으로는 치알디니와 동료들(Cialdini et al., 1990)의 포커스 이론(focus theory of normative conduct), 피시바인과 에이젠(Fishbein & Ajzen, 1975)의 합리적 행동 이론을 기반으로 한 합리적 행동 접근법(the reasoned action approach, RAA), 리말과 리얼(Rimal & Real, 2005)의 규범적 사회 행동 이론(theory of normative social behavior, TNSB)이 있다.

포커스 이론(Cialdini et al., 1990)의 핵심 주장은, 사회 규범은 사람들의 행동에 영향을 미치는 중요한 요인이지만 언제 어디서나 강력하게 작용하는 것은 아니며, 사회 규범이 사람들의 머릿속에서 현저해지거나 혹은 사회 규범에 집중하는 상황이 되었을 때 그 영향력을 발휘한다는 것이다. 사회 규범을 현저하게 만드는 실험적 처치로는 피실험자들로 하여금 해당 행동을 수행하는 사람을 직접 목격하게 하거나(Cialdini et al., 1990), 특정 행동의 만연도를 전달하는 메시지를 접하게 하는 방법(Cialdini et al., 2006; Schultz et al., 2007)과 같은 것들이 이용되었으며, 이론에서 예측하는 바와 일치하는 실험 결과들이 보고되었다. 해당 이론은 직접적, 경험적으로 검증된 경우가 많지는 않지만, 기술적 규범과 명령적 규범의 개념적 차이를 제안하고 사회 규범이 사람들의 행동에 영향을 미치는 조건적 맥락을 제공하였다는 데 더욱 큰 의의가 있다.

RAA는 합리적 행동 이론(Fishbein & Ajzen, 1975), 계획된 행동 이론(Ajzen, 1991), 그리고 그 이후 발전된 모델들을 통합한 모델을 일컫는다(Fishbein & Ajzen, 2011). '합리적 행동 이론'은 사람들의 행동을 행동 의도의 결과라 보았으며, 행동 의도는 해당 행동에 대한 개인의 태도와 주관적 규범을 통해 예측될 수 있다고 제안하였다. 즉, 특정 행동에 대해 더욱 긍정적이며 강력한 태도를 가질수록, 해당 행동 수행에 대해 더욱 강력한 주관적 규범을 느낄수록 그 행동을 수행할 의도가 높아지며, 이는 행동의 실질적 수행으로 이어진다는 것이다.

합리적 행동 이론의 중요한 제한점으로 사람들이 행동 수행의 의지는 갖고 있으나 그것을 수행할 능력 혹은 여건이 마땅치 않은 경우를 설명할 수 없다는 것이 제기되어왔다. 이러한 단점을 보완하기 위해 에이젠(Ajzen, 1991)은 기존 이론에 지각된 행동 통제(perceived behavioral control)를 추가한 '계획된 행동 이론'을 제안하였다. 지각된 행동 통제란 한 개인이 특정 행동을 수행할 능력이 있다고 믿는 정도를 의미하는데, 행동 수행 능력을 높게 평가할수록(태도 및 주관적 규범과 함께) 행동 의도 또한 높아지고, 실질적 행동 수행에도 직접적이며 긍정적인 영향을 미칠 수 있다고 주장하였다.

이후 계획된 행동 이론은 기술적 규범과 인지적 규범을 행동 의도에 추가적인 예측 변인으로 포함시키거나, 태도 및 지각된 행동 통제를 세분화하는 방식으로 확장되어왔으며 다양한 행동의 맥락에서 이론의 설명력과 예측력이 검증되어왔다. RAA를 다룬 연구들에 대한 메타 분석에 따르면, 이론의 전반적인 설명력은 높은 편에 속하지만 사회 규범은 다른 이론적 요인들에 비해 행동 및 행동 의도에 상대적으로 약한 영향력을 발휘하는 것으로 보고되어왔다(예: McEachan et al., 2016).

TNSB(Rimal & Real, 2005)는 치알디니와 동료들(Cialdini et al., 1990)의 연구에 따라 기술적 규범과 명령적 규범을 구분하였으며, 특히나 언제 어떻게 기술적 규범이 사람들의 행동에 영향을 미치는지에 대한 설명을 제공하기 위해 명령적 규범, 결과 기대(outcome expectations), 그룹 정체감(group identity)을 세 가지 조절 변인으로 제안하였다. 즉, TNSB에 따르면 사람들은 어떤 행동이 만연할 때 그 행동을 따라 하려고 하는 경향이 있는데, 1) 해당 행동이 사회적으로 적절한 행동이라 여겨질 때(명령적 규범), 2) 해당 행동 수행의 결과로 자신이나 남들에게 좋은 결과가 예상될 때(결과 기대), 그리고 3) 자신을 해당 행동이 만연한 준거 집단 속 사람들과 비슷하다고 여기거나 그들처럼 되고 싶을 때(그룹 정체감)와 같은 상황이라 할 수 있다. TNSB는 특히나 사람들의 다양한 건강 행동의 맥락 속에서 기술적 규범의 효과를 검증하는 데 사용되어왔으며(Shulman et al., 2017), 이후 다양한 조절 변인들을 추가한 규범 영향력에 관한 개정된 접근법(a revised framework of normative influence; Chung & Rimal, 2016)의 토대를 제공하였다.

사회 규범이 사이버 불링에 미치는 영향

본 섹션에서는 사회 규범이 사이버 불링 가해 행동과, 사이버 불링 목격 시 주변인으로서 개입 결정에 미치는 영향력을 살펴본 경험적 연구들을 간략하게 소개한다. 코헨(Cohen, 1988)의 분류에 따라 피어슨 상관 계수 r .10부터 .23까지는 작은 효과, .24부터 .36까지는 중간 효과, .37 이상은 큰 효과로 해석하였다.

돈과 동료들(Doane et al., 2014)은 미국 버지니아주 한 대학교에 재학 중인 1학년생과 2학년생을 대상으로 온라인 자기 기입식 설문 연구를 실시하였다. 375명의 데이터를 분석한 결과 다양한 사이버 불링 행동들(예: 온라인 사칭, 언어폭력 등)과 기술적 규범 인식 간의 피어슨 상관 계수 r의 범위는 .42에서 .56으로($M = .48$, $SD = .06$) 나타나, 전반적으로 강한 관계를 갖고 있음을 알 수 있다. 사이버 불링 행동들과 명령적 규범 인식 간 피어슨 상관 계수 r의 범위는 .45에서 .66($M = .57$, $SD = .10$)으로, 연구에 포함된 모든 사이버 불링 행동 유형에 있어 기술적 규범 인식보다 더욱 강한 관계를 갖고 있음을 발견하였다.

바스티엔센과 동료들(Bastiaensens et al., 2016)의 연구 역시 비슷한 양상을 보고하였다. 지난 6개월간 한 번이라도 사이버 불링을 목격한 적이 있었던 525명 청소년들의 설문 데이터를 분석한 결과 기술적 규범 인식과 지난 6개월간 사이버 불링 가해 경험 여부 간 피어슨 상관 계수 r은 .16, 사이버 불링 가해 목격 시 가해에 가담하였는지와의 피어슨 상관 계수 r은 .09로, 통계적으로 유의미한 관계이긴 하지만 전반적으로 관계의 크기는 작은 것으로 보고되었다. 반면 명령적 규범 인식과 지난 6개월간 사이버 불링 가해 경험 여부 간 피어슨 상관 계수 r은 .50, 사이버 불링 가해 목격 시 참여 여부와의 관계는 .60으로, 기술적 규범 인식에 비해 사이버 불링 가해 행동과의 관계의 크기가 더욱 크게 나타났다.

파비안과 반데보쉬(Pabian & Vandebosch, 2014)는 계획된 행동 이론 (Ajzen, 1991)에 기반한 종단 연구를 실시하였다. 11세에서 17세 사이 청소년을 대상으로 6개월의 간격을 두고 두 번의 설문 조사를 진행하였으며, 두 번의 설문에 모두 응한 1606명의 데이터를 기반으로 분석을 실시하였다. 1차 조사에서 실시한 향후 6개월 내 사이버 불링 가해 의도와 다양한 규범 인식들 간 상관관계 분석 결과는 기술적 규범 인식이 r = .04, 명령적 규범 인식이 r = .169, 주관적 규범 인식이 r = .166으로, 앞서 언급한 연구들과 유사하게 기술적 규범 인식에 비해 명령적 규범 인식과 행동 의도 간 더욱 큰 관계성을 발견하였다. 1차 조사에서 실시한 규범 인식들과 2차 조사에서 실시한 지난 6개월간 사이버 불링 가해 여부와의 상관관계 분석 결과는 기술적 규범 인식이 $r = .10$, 명령적 규범 인식이 $r = .11$, 주관적 규범 인식이 $r = .07$로, 전반적인 관계의 크기는 작은 가운데 명령적 규범 인식과의 관계성이 가장 크게 나타났다.

하야시와 타마스비(Hayashi & Tahmasbi, 2022)는 대학생들의 사이버 불링 행동 목격 시 주변인으로서 개입 여부를 결정하는 심리적 요인들에 대한 분석을 위해 계획된 행동 이론(Ajzen, 1991)에 기반하여 설문 연구를 실시하였다. 188명의 데이터에 기반한 분석 결과 주관적 규범 인식과 사이버 불링 행동 목격 시 개입 의도 간 피어슨 상관 계수 r은 .46으로, 태도($r = .58$)보다는 그 크기가 작았으나 지각된 행동 통제($r = .28$)보다는 큰 것을 확인할 수 있었다. 이와 유사한 결과는 블란데렌과 동료들(Vlaanderen et al., 2020)의 실험 연구에서도 확인할 수 있는데, 연구에 참여한 10세부터 12세까지의 아동들 298명을 대상으로 데이터를 분석한 결과 주관적 규범 인식은 사이버 불링 행동 목격 시 개입 의도에 유의미한 예측 변인이었으며($B = .25, p < .01$), 이는 지각된 행동 통제에 비해 더욱 큰 영향력이었다($B = .16, p < .01$).

결론 및 제언

본 챕터는 사이버 불링과 사회 규범에 대해 살펴보았다. 사이버 불링의 정의는 다양하지만 일반적으로 디지털 미디어상에서 타인에게 해를 끼치거나 불쾌감을 주기 위한 의도를 가지고 행해지는 다양한 반시민적 커뮤니케이션 현상을 일컬으며, 특히 SNS와 같은 소셜 미디어상에서 가장 빈번하게 이루어지고 있다. 사이버 불링과 관련된 연구와 논의는 주로 가해와 피해 경험률이 가장 높은 10대 청소년들을 중심으로 이루어져왔지만, 20대와 30대에서도 사이버 불링 가해 및 피해 경험이 자주 보고되는 만큼, 10대에 국한되지 않고 보다 다양한 연령층으로의 논의 확장이 필요하다고 할 수 있다.

10대와 20대는 일반적으로 다른 연령대에 비해 사회 규범 인식이 행동에 미치는 영향력이 크다고 알려져 있는데, 이는 사이버 불링 관련 행동에도 적용된다는 것이 여러 메타 분석 연구들을 통해 확인되었다. 사회 규범은 크게 기술적, 명령적, 주관적 규범으로 나누어질 수 있으며, 연구 결과 전반적으로 명령적 규범 인식이 사이버 불링과 관련된 행동 결정에 가장 큰 영향력을 발휘하는 것을 알 수 있다. 기존 사이버 불링 연구들을 종합적으로 고려하여 향후 사이버 불링 연구를 위한 아래 두 가지 제언을 덧붙이며 본 챕터를 마무리한다.

첫째, 사회 규범은 개념적 및 경험적으로 다양한 종류가 존재하며 준거 집단에 따라 다른 영향력을 발휘하는 경향이 있다. 또한 각 규범별로 행동에 영향을 미치는 과정을 설명하는 이론들이 존재하며 이에 기반한 연구 결과를 보고한 경험적 문헌들이 상당수 존재한다. 그러나 기존 사이버 불링 연구들에서 사회 규범은 종류가 분명하게 구분되지 않는 경향을 보이며, 여러 종류의 규범 인식이 혼합되어 측정되곤 한다(Pabian & Vandebosch, 2014). 이는 오랜 기간 축적되어온 기존 사회 규범 문헌의 활용성을 제한할 뿐만 아니라, 사회 규범 인식이 사이버 불링 현상에 영향을 미치는 동기와 과정에 대한 보다 체계적인 설명을 어렵게 만든다. 사회 규범 인식의 중요성은 이미 다양한 연구들을 통해 확인된 만큼, 향후 사이버 불링 연구에서는 다양한 종류의 사회 규범을 보다 명확하게 구분 지어 그 영향력을 살펴볼 필요가 있다.

둘째, 기존 사이버 불링 문헌들은 자기 기입식 설문을 활용한 횡단적 연구가 절대다수를 이루고 있다(Camerini et al., 2020). 물론 사이버 불링 관련 행동들과 다양한 이론적 요인들과의 관계성을 검증하는 것도 중요한 의미가 있지만, 사이버 불링이라는 행동의 특성상 설문 응답의 사회적 바람직성 편향의 가능성, 그리고 변수 간 인과 관계

규명의 어려움이라는 측면에서 중요한 제한점을 지닌다. 설문 응답에서 나타나는 사회적 바람직성 편향을 완벽하게 통제하기는 어려울지라도 연구 참여자들의 진실성을 직접적으로 요구하거나(예: 설문 응답의 익명성 강조), 편향성이 강하게 나올 것으로 예상되는 문항들을 수정하거나, 또는 설문 응답자들의 사회적 바람직성 편향을 측정하여 분석 시 통계적으로 통제하는 등의 방법이 있으며(Larson, 2019), 설문 응답보다는 사람들의 행동 데이터를 중심으로 관련 현상을 살펴보는 비개입적 연구도 하나의 방법이 될 수 있다(예: 소셜 미디어상 대화 내역 크롤링).

횡단적 설문 연구보다는 실험 연구나 종단 연구를 통해 살펴보는 변수 간 인과 관계 규명의 측면 역시 사이버 불링 문헌에 새로운 관점들을 제공할 수 있다. 예를 들어 사이버 불링 피해 경험은 사이버 불링 가해 결정에 중요한 예측 변인이라는 기존 연구들의 발견은(예: 송한아, 2021), 반대로 사이버 불링 가해 경험이 또 다른 피해 경험으로 이어질 수 있다는 논의로 발전할 수 있다(예: 사이버 불링에 자주 가담하는 또래 집단 속에서의 상호작용). 그뿐만 아니라 사회 규범 인식 역시 사이버 불링 관련 행동과 역방향의 인과성을 고려해볼 수 있는데(예: Chung et al., 2022), 사이버 불링에 가담한 사람들이 자신의 행동을 정당화하기 위해 사이버 불링 행동의 사회적 만연도를 과대평가해서 보고할 가능성이 있기 때문이다(Festinger, 1957). 이러한 점들이 향후 연구에서 고려된다면, 사이버 불링 현상을 보다 체계적으로 이해하고 설명하며 예측할 수 있을 뿐만 아니라, 사이버 불링을 예방하는 커뮤니케이션 캠페인 기획 시에도 중요한 함의점을 제공할 것으로 기대할 수 있다.

06

청소년과 연결된 세계로서의 사이버 공간

박현지

새로운(brand-new) 시대의 등장

  시대의 변화 과정에서 미디어의 발전은 인간의 커뮤니케이션 욕구를 시공간적으로 확장하였으며, 미디어 기술 발전에 따라 커뮤니케이션의 범위와 방법 그리고 효과 등에서 큰 혁신적인 변화가 일어나고 있다. 미디어 기술 발전은 사람들의 커뮤니케이션 욕구를 충족시키며 더 나아가 사회 전반에 다양한 변화를 제공하는 기폭제의 역할을 하고 있다(McLuhan, 1964). 특히, 스마트폰의 보급과 인터넷 정보기술의 발전을 통한 뉴 미디어, 즉 소셜 미디어의 등장과 급속한 확산은 미디어 융합(media convergence)이라는 새로운 시대의 서막을 열었다. 새로운 시대의 등장은 불과 몇 세대 전만 해도 전혀 상상하지 못했던 세상이며, 우리의 평범한 일상을 이전의 삶의 방식과는 확연히 다르게 변화시켰다. 하루 종일 인터넷과 스마트폰으로 정보를 검색하고, 타인과 교류하며 대인관계를 형성하고 유지하며, 기타 유희적 활동 등 사이버 공간과는 떼려야 뗄 수 없는 생활을 하고 있는 것이다.

예를 들면, 우리는 늘 휴대폰과 함께 매일의 아침을 시작한다. 스마트폰의 알람이 울리면 눈을 떠서 즉시 문자메시지를 확인하고, 어떠한 일이 일어나고 있는지 실시간으로 뉴스를 통해 소식을 접하며 오늘의 날씨를 체크하여 옷을 챙겨 입는다. 스마트폰 앱으로 연결되어 있는 음악과 늘 가까이 지내고, 틈틈이 소셜 미디어를 통해 정보를 찾고 공유하고 또 소통한다. 휴대폰 속의 레시피를 통해 만들어낸 저녁 식사와 함께 유튜브의 한 영상을 시청하기도 하고 전자책(e-book)으로 책을 읽기도 하며, 하루의 마무리는 휴대폰 속의 다이어리에 오늘 찍은 사진들과 함께 정리를 하며 잠자리에 든다. 오늘날 우리의 그저 평범한 하루는 미디어와 항상 함께하고 있다는 것이다.

요즘의 시대를 살아가는 사람들은 휴대폰이 존재하지 않는 세상을 살아갈 수 있을까? 수시로 메시지를 보내고 확인하며 화면을 켰다 껐다를 반복하거나 그 속의 소셜 미디어에 접속하여 게시물을 업로드하고 댓글을 달며 하루의 수많은 시간을 보낸다.

과연 이제는 올드 미디어의 세계가 지나가고 뉴 미디어의 시대가 도래한 것일까? 미디어의 발전은 기술의 발전에 따른 인간의 면대면 커뮤니케이션의 시간과 공간의 제한을 극복한 것이며, 맥루한(McLuhan, 1964)이 주장한 '미디어는 인간 기능의 확장'에 따른 인간 간의 커뮤니케이션 정확성과 신속성을 확장한 것으로, 디지털 미디어의 발전은 현재 진행형으로 미디어 영역 간의 경계를 허물며 융복합 미디어로 진화하고 있을 뿐만 아니라 가상 현실 등 새로운 미디어 영역을 개척하면서 매우 복잡한 확대 양상을 보이며 발전하고 있

〈그림 1〉 스마트폰

다. 즉, 기술의 발전으로 수동적 정보 이용의 미디어 1.0의 시대에서 쌍방향 정보 이용의 미디어 2.0 시대, 더 나아가 콘텐츠 생산과 공유의 미디어 3.0 시대를 거쳐 언제나 접속된 상태로 완전 몰입이 이루어지는 미디어 4.0 시대로 나아가면서, 우리가 살아가는 현실은 지금도 매우 빠른 속도로 계속 진화하며 발전하고 있다.

즉, 컴퓨터와 휴대폰과 같은 융복합 미디어의 등장으로 손가락을 통한 단 한 번의 클릭이나 터치로 더욱더 쉽고 편리하게 사이버 공간과의 소통이 가능해진 것이다. 수많은 정보와 이슈를 접하고 취미 생활을 즐기며 세계 각지의 다양한 사람들과 소통하고 사진과 동영상을 공유하며 자신의 목소리와 의견을 내기도 하면서 세상 속으로 참여하려는 존재로도 발돋움하고 있다.

하지만 또 다른 한편으로는, 사이버 공간(cyberspace)에서의 비행이나 언어폭력 등 특히 정체성의 확립이 불분명한 청소년들의 부정적 결과를 초래하고 있는 부분 또한 여실히 드러나고 있다. 이는 현실 세계와의 연결고리에서 보다 심각한 사회적 혼란을 야기하고 있는 것이다. 특히, 자아 형성의 중심에 있는 청소년들의 경우에는 개인의 성향보다 사회 집단적 영향력이 개인의 행동에 더욱 영향을 미치기 때문에, 청소년 시기에 그들의 디지털 시민성에 가장 중요한 역할을 하는 주제 또는 분야에 대한 연구가 필요하다. 이를 위해 본 연구에서는 설문지를 통한 데이터를 사용하여 관련 변인을 추출하고 분석하여 그에 따른 결과를 도출하고자 한다. 이를 통해 청소년이 사이버 공간에서 보이는 반시민성(incivility)에 이르는 과정을 규명하고 사회적 영향 변인이 미치는 역할을 분석함으로써, 청소년들이 사이버 공간에서 나타내는 행동을 이해하는 기초적인 자료를 제공하고, 이에 대한 부정적 영향의 예방 및 개입에 기여할 단초를 제공하여 반시민성으로 이어지는 문제를 해소하는 데 기여할 수 있을 것이다.

사이버 공간과 소셜 미디어

현대의 사회는 다양한 미디어의 기술과 발달로 인해 사이버 공간이라는 새로운 장소의 등장을 맞이하며 함께하고 있다. 사전적 의미의 사이버 공간(cyberspace)이라 함은, 인터넷으로 연결된 가상의 공간을 일컬으며 시간과 공간의 제약에서 벗어나 실시간으로 소통이 가능하다는 특징을 지니고 있다(Strate, 1999). 또한 사이버 공간에서의 이슈와 정보는 전달되는 속도가 매우 빠르고 누구나 접속하여 이용할 수 있도록 개방된 공간이기도 하다(Steiger et al., 2018). 누군가에 의한 통제나 간섭을 받지 않는 공간이며 가장 큰 특성인 익명성이 보장되는 곳이다.

사실 '사이버 스페이스'라는 단어는 1984년, 윌리엄 깁슨(William Gibson)의 과학 소설인 〈뉴로맨서(Neuromancer)〉에서 최초로 등장했다. 인공두뇌학(cybernetics)을 뜻하는 Cyber와 공간을 뜻하는 Space의 합성어로, 현실이 아닌 두뇌 속에서 펼쳐지는 또 다른 우주를 일컫는다(Gibson, 1984). 한때는 굉장히 과학적이고 기술적이었던 이 개념이 오늘날에는 우리의 또 다른 일상으로 받아들여지고 있는 것이다.

이러한 사이버 공간의 영향력 자체는 매우 다양한 형태로 나타나게 되며 사이버 공간은 온라인(online) 공간과 같은 점을 가진다. 위에서도 언급하였듯이, 네트워크(network)라고 하는 것을 통해 현실의 시간과 공간적인 제약을 뛰어넘으며 언제 어디서나 소통을 가능하게 한다. 더욱이 사이버 공간에서는 자신만의 생각과 이상을 표현하고 실행하거나 친밀감을 통한 다양한 유대관계의 형성이 가능하기 때문에 무한한 네트워크라는 조건하에서 기존의 인간관계를 발전시키

〈그림 2〉 사이버공간(Cyberspace)

기도 하며, 완전히 새로운 인간관계를 창조해 나가고 확대해 나가면서 새로운 정체성을 경험할 수도 있다(McKenna et al., 2002). 마땅히 따지자면, 우리가 살아가는 현실 속에 실제로 존재하는 공간은 아니지만 엄연하게는 현실의 연장선이며 또 다른 현실인 것이다.

특히, 가상이라는 공간 속에서 사람들 사이의 의사소통과 정보의 공유 및 확산 그리고 모두에게 평등하게 열려 있는 세계로 도움을 주는 등의 긍정적 측면이 있는 반면, 접근성의 편리함과 익명성 그리고 정체성 등으로 문제적 이용이 나타나게 될 가능성도 함께 지니고 있다. 이러한 문제적 이용의 측면에서 사이버 공간의 긍정적인 면과 부정적인 면 모두 어느 한순간, 표현이나 행동 방식에서 탈억제되어 그러한 충동을 조절하기 어려워지고 상대에 대한 인지도가 현저히 떨어지게 되며, 자기중심적이 되면서 문제적 이용에 대해 그다지 나쁘지 않다는 생각조차 갖게 되는 것이다. 또한 사이버 공간의 익명성이라는 점을 악용하여 소셜 미디어를 통한 혐오 표현, 상대방을 폄하하는 댓글과 악플 및 허위 정보 등 문제적 표현 및 소통 성향을 보이는 반시민성이 나타나게 된다(Hussain & Griffith, 2018).

MZ세대의 미디어 이용과 소비

MZ세대(Generation MZ). 요즘을 살아가는 우리에게 'MZ세대'라는 단어는 제법 즐비하고 흔하게 접할 수 있는 개념이다. 그들은 누구일까? 사전적 의미로 살펴보았을 때, 1980년대부터 2000년대 초에 태어난 '밀레니얼 세대'와 1995년도 이후에 태어난 'Z세대'를 통합하여 칭하는 말이다. 밀레니얼 세대의 첫 등장은 가히 신선하였고 이후 Z세대를 따로 구분하기 시작하였지만 오늘날에는 MZ세대로 아울러 부르고 있다. 통계청에 따르면, 2019년 기준으로 MZ세대에 해당하는 국내의 인구는 전체 인구 비율의 34.7%를 차지한다. 총인구의 3분의 1을 차지하는 이 세대는 어느샌가 우리 사회 속에서 중추의 역할을 하며 트렌드를 이끌어가고 있는 것이다. 일반적으로 '하나의 세대'라고 하는 것은 동일한 시기에 태어나서 유사하거나 비슷한 경험을 한 집단을 일컫는다. 하지만 동시대를 살아가면서도, 다양한 이슈와 어떠한 문제에 대한 인식 또는 행동이나 태도의 차이는 구체적인 개인의 나이 및 여러 요소들로 인해 다르게 나타날 수 있다. 국내외 주요 연구 기관에서도 세대를 구분 짓는데, Pew Research Center(2020)는 미국 기준으로, Mckinsey & Company(2018)는 브라질 기준으로, 그리고 삼정KPMG(2019)는 글로벌 기준으로 세대 자체를 구분하였다. 이에 따라 본 연구의 주 타깃층인 MZ세대의 특징을 살펴보면, 미디어를 사용하는 온라인 환경에 익숙하고 다양한 카테고리 안에서 개인 중심적인 사고를 가지며 경험과 가치를 추구한다고 할 수 있다.

즉, 그들은 어릴 때부터 디지털 미디어, 인터넷, 온라인 세상과 함께 자라온 세대로서 디지털 원주민(digital native)으로 불리며 디지털

〈그림 3〉 MZ세대

환경 기반의 행동과 태도에 익숙하고 소셜 미디어를 통한 정보 공유 및 소통에 뛰어나며 자기표현 욕구가 매우 강하다는 특징을 가지고 있다(KISA, 2021).

또한 스마트폰의 대중화가 시작되면서 만들어낸 모바일 문화의 영향을 받고 자란 세대라고 총칭하여 아우르기도 한다. 이들은 자신이 관심 있어 하는 영상이나 미디어 콘텐츠 등을 직접 찾아서 소비하고 '좋아요' 버튼과 댓글로 자신의 의견을 표현하면서 양방향으로 커뮤니케이션 하는 행위를 매우 중요하게 생각한다.

이러한 디지털 네이티브들은 자신의 취향에 딱 맞는 콘텐츠들만 소비하려고 하는 경향이 매우 강하기 때문에 맞춤형 서비스나 AI 추천 등의 굉장히 개인적인 옵션들을 설정하여 사용하기도 한다. 이들에게 디지털 기기는 어떠한 형태로든 매우 익숙한 존재인 것이다. 예를 들어, 만들어보고 싶은 요리는 인터넷의 레시피 소개 영상을 보면서 따라 만들거나, 어려운 가구 조립도 사용 설명서보다는 유튜브(YouTube) 동영상을 통해 조립 방법을 배우려고 하는 특징을 가지고 있기도 하다. 이에 더하여 또 한 가지 중요한 특징은 바로 '언택트(untact)'를 선호한다는 것이다. 사실 팬데믹(pandemic)의 영향으로 사회의 환경 자체가 많이 변하기도 하였지만, 디지털 네이티브 세대는 사람들과의 접촉보다는 개인의 시간을 더 중요시한다. 찾는 상품이나 서비스가 있다면 주로 챗봇(chatbot)을 이용하고, 카페에 가서도 대면으로 주문하기보다는 키오스크(kiosk)를 통해 주문하는 것을 더 선호하는 것처럼 말이다.

최근 SNS, 유튜브, 틱톡, 메타버스 등의 디지털 미디어 플랫폼이 급부상하고 있는 가운데 이러한 온라인 미디어의 이용은 그저 평범하고 일상적인 삶의 부분이 되고 있다. 이러한 미디어(media)의 어원은 '중간' 또는 '중간에서 연결해주는 그 어떤 것'이라는 의미를 가진 미디움(medium)이며, 미디어와 사람 또는 사람과 사람 자체 사이의 관계를 다양한 형태로 형성해주고 있다. 한 조사에 따르면, 2020년 국내 소셜 미디어 이용률은 전 세계 평균인 49%와 비교하여 약 1.8배 높은 87%로 매우 높게 나타난다(DMC Report, 2020). 이러한 국내의 수많은 이용자들은 페이스북이나 인스타그램 등으로 대표되는 소셜 네트워크 서비스(SNS), 유튜브와 같이 온라인에서 이용자가 다양한 형태의 콘텐츠를 만들고 공유하는 UGC(User Generated Content) 그리고 메타버스(Metaverse) 등과 같은 다양한 미디어 플랫폼으로 온라인 세상을 즐기고 있다. 그렇다면 특히 MZ세대들 간 이러한 디지털 미디어를 이용하는 동기는 무엇일까?

이용과 충족 이론(U&G theory)에 따르면 동기(motivation)는 어떠한 행동을 하게 만드는 원동력 그 자체로 미디어 이용 행동을 설명하는 중요한 요인으로 작동하며(Katz, 1959), 특히 소셜 미디어 이용과 관련하여 자주 연구되는 변수 중 하나이다(심성욱 & 김운한, 2011; Kim, Shon, & Choi, 2011; Lee, Kim, & Ham, 2016; Lin & Lu, 2011; Nadkarni & Hofmann, 2012). 예를 들어, 대학생의 소셜 미디어 이용 동기를 살펴본 심성욱과 김운한(2011)은 콘텐츠 이용, 사회적 연결, 네트워크 연결 및 오락 추구를 발견하였고, 최익성(2016)은 소셜 미디어 이용 동기로 사회적 연결, 자기표현, 콘텐츠 이용, 오락 추구, 정보 추구, 콘텐츠 공유를 발견하였다. 각각의 연구자들마다 소셜 미디어 이용에 대한 동기는 조금씩 다르게 나타나지만, 이를 바탕으로 다양한 동기들을 정리한 이방형과 동료들(2013) 그리고 배지우와 박정열(2015)에 따르면, 다른 미디어 이용 동기와 유사하게도 소셜 미디어 이용에 영향을 주는 여러 가지 동기들은 주로 정보적 동기, 사회적 동기, 오락적 동기로 나타난다. 이렇듯 우리의 일상에 지대한 영향을 미치며 삶 속에서도 미디어에 대한 의존이 늘어나는 만큼 단연코 그에 따른 부정적인 영향도 함께 나타나고 있다.

청소년, 그들만의 세계

　청소년이라는 단어는 우리의 삶에서 빼놓을 수 없는 매우 중요하고 독특한 시기라고 일컬을 수 있다. 우리 모두가 한 번은 꼭 거쳐가야만 하는 시간이자 우리가 삶을 살아가면서 습득하게 되는 수많은 다양한 것들에 대한 기초를 다져주는 시간이기도 한 것이다. 청소년기는 흔히 '질풍노도의 시기'라고 표현하는데, 다양한 변화들이 굉장히 복합적인 과정으로 이루어지는 불안정하고도 혼란스러운 시기이기 때문이다(Hall, 1905). 청소년기의 심리적 특성을 살펴보면, 감수성과 강렬한 정서적 반응을 빼놓을 수 없다(강은주 & 천성문, 2011). 여러 가지 심리적 갈등과 혼란 그리고 다양한 사회적 영향 등 갖가지 변인들에 노출되어 있는 것이다. 이로 인해 청소년기의 심리 상태는 반응성의 증가와 적절한 조절의 타협점을 찾지 못한 채 극단적인 방향으로 흘러가거나 사소한 자극에도 흥분 또는 분노하는 등 혼돈의 카오스를 경험하고 있는 것이다(Silk et al, 2003).

특히, 청소년 시기는 책임감과 함께 성인이 되기 위한 준비를 하고 있는 단계라고 할 수 있으며, 만족스럽고 폭넓은 대인관계를 경험하고 친밀감을 형성하여 성인으로 살아가기 위한 능력을 개발하고 학업에 집중해야 하는 매우 중요한 시점이다. 따라서 현재의 대인관계를 기반으로 한 사이버 공간에 몰입하는 경향이 높아지게 되고, 타인과의 교류와 유행에서 소외되지 않으려 사이버 공간과 더욱더 밀접하게 엮이고 있는 것이다. 이러한 점에서 볼 때, 청소년들의 소셜 미디어라고 하는 사이버 공간의 이용과 그에 따른 디지털 시민성(digital citizenship)의 개념은 중요한 사회적 관심으로 급부상하고 있다(Collin, 2008). 최근의 정보통신 기술의 발달과 함께 자라나고 있는 청소년들

〈그림 4〉 청소년

의 환경과 그들이 살아가는 생활 방식 등 매우 다양한 부분에서의 변화들은 꾸준히 일고 있다. 4차 산업혁명이라는 단어가 즐비하고 오프라인의 현실 공간과 온라인의 가상 공간, 즉 사이버 공간의 경계조차 흐려지고 있는 것이다.

디지털 시민성은 기본적으로 디지털 미디어상의 소통(communication)을 기반으로 한다는 점에서 일반적 시민성과는 차별성을 가진다 (Ribble, 2012). 이에 따른 디지털 시민이라 함은 일반적으로 '인터넷을 정기적이고 효과적으로 사용하는 사람'(Mossberger, Tolbert, & McNeal, 2007), '기술을 효과적이고 적절하게 사용하는 사람'(Isman & Gungoren, 2014; Ribble, 2012)으로 정의한다. 파머(Farmer, 2010)는 디지털 시민을 전자적인 정보를 적절히 조절하여 거를 수 있고, 사이버 공간에 매우 효과적이고 효율적으로 참여하며, 개인 및 사회의 발전을 위해 온라인을 통하여 배운 수많은 정보나 지식들을 올바르고 현명하게 이용 가능한 사람이라고 일컫는다. 이러한 디지털 시민의 정의에 따라, 디지털 시민성은 '다양하게 주어진 디지털 환경에서 디지털 도구를 사용하며, 이러한 환경하에서 행동하는 데 필요한 품질(qualities)'로 정의할 수 있다(Searson, Hancock, Soheil, & Shepherd, 2015).

특히, 특정 이슈에 대한 자신의 의견이나 관심 표명 및 타인의 의견과 생각을 존중하고 배려하는 태도 등 사이버 공간상에서 지켜야 할 매너 혹은 공공 의식 등이 시민성의 자질로 포함되어야 한다는 것이다(Renee, 2010).

디지털 시민성의 조건: 융합적 관점과 연구 사례

사이버 공간과 청소년의 연결고리

　오늘날 정보 사회에서 펼쳐지는 사이버 공간 속의 세상은 청소년들의 삶 속에서도 중요한 부분을 차지한다. 미디어로 인해 디지털화된 환경하에서 자라왔으며, 소셜 미디어 없는 일상을 경험하지 못한 청소년들에게 사이버 공간이란 굉장히 친숙한 곳이며 익숙한 장소임이 틀림없다. 현재의 시대를 살아가는 청소년들은 현실 세계에서의 활동과 더불어 온라인의 세상인 사이버 공간에 접속하면서 그들만의 문화를 만들어내고 있기도 하다. 사이버 공간을 즐기게 되는 청소년들은 연령, 학력 그리고 자격 등의 그 어떠한 조건에 상관없이 마음껏 낯선 이들과 대화를 나누고, 다양한 기회를 누리고, 현실에서는 어쩌면 불가능할 수 있는 생각이나 행동 그리고 표현들을 나타내고 있는 것이다. 즉, 사이버 공간에서는 청소년들이 자기표현 욕구를 충족시키기 위해 자신의 생각을 자유롭고 원활하게 소통할 수 있다. 무한한 표현의 자유를 불러온다고나 할까? 이렇듯 청소년들에게 사이버 공간이 주는 유희적 요소들은 매우 다양하다. 이 공간은 크고 드넓은 정보의 바다라고 불릴 만큼 호기심을 자극하고 동시에 유발하는 곳이다.

하지만 이러한 사이버 공간이 청소년에게 드리우는 그림자는 꽤나 짙게 나타나고 있다. 컴퓨터나 휴대폰을 통해 청소년들의 소셜 미디어 이용은 꾸준히 늘어나는 추세이며, 다양한 욕구의 충족속에서 그들이 소셜 미디어를 이용하는 이유는 그들의 일탈을 유발시키는 배경으로 작용하기도 한다(천정웅, 2000).

사이버 공간, 특히 소셜 미디어의 충동적 이용에 따른 부정적인 결과를 예측하면서도 그 끈을 놓지 못하고 있는 실정이다. 특히 개인, 집단 그리고 사회의 관계를 네트워크를 통해 파악하는 소셜 미디어는 실시간성과 가속성이라는 큰 특징을 지녔기 때문에 그 어떠한 매체보다 정보와 이슈에 대한 확산 속도가 빠르다. 따라서 개인의 단순한 일상 생활에 대한 정보뿐만 아니라 정치, 경제, 문화 등 사회의 전반적인 것에 대한 이슈가 소셜 미디어를 통해 확산된다. 하지만 이러한 소셜 미디어의 특성이 한편으로는 청소년들의 반시민적 문제 행동을 유발하는 등 부정적인 현상의 지속적인 증가를 가파르게 만들고 있는 추세이다.

최근 들어 소셜 미디어 이용과 관련된 위험(risks)에 대한 연구가 증가하면서(Kuss & Griffiths, 2017; Andreassen, 2015) 다양한 소셜 미디어 이용자 중에서도 특히 청소년들에 의한 소셜 미디어의 충동적 이용에 대한 관심이 늘어나고 있다(Turel & Bechara, 2016). 그렇다면 소셜 미디어의 충동적 이용이란 대체 무엇일까?

소셜 미디어의 충동적 이용은 순간적인 감정의 지배에 의한 것으로 간주되며, 심사숙고하는 신중한 과정 없이 결과에 대해서는 생각하지 않은 채로 기분과 상황에 따라 즉각적이고 즉시적으로 행동하려하는 경향으로 정의된다. 충동성은 어떤 일을 실행하고자 하는 본능적이고 심리적인 요인으로, 충동성이 높은 사람의 경우 자기 통제 능력이 낮고 자신의 기분대로 행동하는 동시에 자기 조절력도 함께 결여되어 있으며, 부적절한 문제 행동을 유발하기도 한다(Paeng, 2003).

특히, 충동성이 높은 사람은 문제적인 행동을 일으키게 될 가능성이 높고, 스마트폰을 통한 사이버 공간으로의 접속에 대해 떨칠 수 없는 생각이나 유혹이 있을 때 욕구 자체를 충동적으로 해결한다고 볼 수 있는 것이다. 이러한 소셜 미디어의 충동적 이용은 부적절한 문제 행동, 즉 혐오 표현, 악성 댓글, 폭언 및 욕설, 명예 훼손과 유언비어, 스토킹, 사생활 침해 등 다양한 반시민적 문제 행동으로 이어진다(Kuss & Griffiths, 2017).

더욱이 계획되지 않은 소셜 미디어의 충동적 이용은 이용자의 일상을 위협하는 위험 요인으로(Turel & Qahri-Saremi, 2018) 향후 주요 사회 문제의 이슈가 될 것으로 보는데, 아직 이 분야의 연구는 국내외적으로 초기 단계에 머물러 있다. 소셜 미디어는 이용자들에게 이미광범위하게 이용되고 있으며, 또한 생활의 일부분을 차지하고 있는 동시에 커뮤니티의 일원으로 소속감을 느끼는 등 그들의 일상에서 중요한 역할을 하고 있기에, 소셜 미디어의 충동적 이용은 반시민적

〈그림 5〉 충동적 이용

문제 행동을 야기하는 주요 변인으로 작용하고 있음을 알 수 있으며, 실증적으로 연구되어야 할 필요성이 있다.

그리하여 본 연구는 청소년들을 통해 소셜 미디어의 충동적 이용이 어떠한 형태로 발현되고 나타날 수 있는지를 측정하고 검증하기 위해 설문지를 구성하였다. 이에 따라 다양한 예측 변인들을 포함하여 설문지를 제작하고 온라인 설문 조사를 통해 자료를 수집할 계획을 가지고 있다. 연구 방법의 경우, 다양한 소셜 미디어 이용자들을 대상으로 전국 규모의 설문 조사를 실시할 예정이다. 설문의 내용은 연구의 배경 및 목적과 관련된 인구통계학, 심리적 영향 그리고 사회적 영향에 관한 척도들이 포함될 예정이다. 청소년들을 대상으로 하는 연구인 만큼 필수적인 부분인 IRB 승인을 완료하였으며, 온라인 설문 조사를 계획하에 있다. 본 연구에서 사용할 설문지에서는 다양한 연구 변수들이 응답자의 태도적 변화에 미치는 영향력 자체를 측정할 수 있다는 부분에서 뚜렷한 장점을 가지고 있다.

인구통계학적 특성에 따른 고른 분포도를 유지하기 위해 남과 여의 비율과 그에 따른 성별을 균등 할당할 것이다. 본 연구는 청소년의 충동적 소셜 미디어의 이용에 영향을 미치는 요인을 살펴보는 데 목적이 있으므로, 남성(50%)과 여성(50%)의 비율을 비롯하여 연령대 또한 고등학생의 균등한 할당이 이루어져야만 그 요인을 정확하게 알아볼 수가 있다. 이러한 점을 바탕으로 조사업체 '엠브레인'에 가입된 패널로 국내 거주 청소년(고등학생)을 연구 대상자로 삼게 되었다. 본 연구는 인간을 대상으로 진행하는 연구이므로, 연구 참여자의 인식과 생각을 묻는 온라인 설문 조사로 진행될 계획임을 다시 한 번 밝힌다. 연구의 문항들은 주로 10점 척도로 이루어져 연구 참여자는 이에 답변하도록 되어 있다. 따라서 설문지를 보고 난 후 각 문항의 답변 시에는 연구 참여자의 감정과 생각 등에 대해 본인의 생각을 솔직하게 있는 그대로 체크하는 것이 매우 중요하다고 볼 수 있다.

사이버 공간과 청소년의 의미

　사이버 공간이라고 하여 이제는 우리의 현실과 전혀 동떨어진 것은 아니다. 다양한 사회의 관계들이 시간이나 거리의 제약 없이 모두 가능해졌고, 급격한 정보 기술의 발달로 나타난 뉴 미디어 속의 사이버 공간은 인간관계의 밑바탕이 되기도 하며 수많은 사람들에게 변화를 안겨주고 있다. 불과 몇 년 사이에 스마트폰을 사용하는 사람들은 기하급수적으로 늘어났고, 페이스북이나 인스타그램과 같은 소셜 미디어의 이용자들도 하루가 다르게 늘어가고 있다. 이제는 이러한 온라인 공간에 익숙해지고 있는 사람들이 소수가 아닌 대부분이 되어가고 있는 만큼 더 이상 사이버 공간과 현실과의 경계를 확연히 구분 짓는 건 점점 더 불가능해지지 않을까 하는 생각이 든다. 오프라인의 세상 속에서 우리에게 일어나는 일들만큼이나 사이버 공간에서의 다양한 부분들도 직접적인 것부터 간접적인 것까지 매우 폭넓게 영향을 미치고 있는 것이다. 이제 우리는 사이버 공간과 함께 더불어 살아가는 세계를 만들어 나갈 수 있도록, 우리에게 주어진 또 하나의 공간을 더욱더 올바르고 현명하게 활용해야 할 때가 아닐까?

특히 청소년들과 연결된 세계로서의 사이버 공간을 그들이 더욱더 긍정적인 경험을 통해 발돋움과 성장을 할 수 있는 방향으로 이끌어 나갈 수 있는 발판을 마련해주는 조그마한 계기라도 부여해줄 수 있다면 이 연구의 목적은 달성될 것이다. 앞서 언급하였듯이, 소셜 미디어라는 사이버 공간이 청소년들에게 미치는 영향은 무수하다. 그들은 그곳에서 다양한 방법으로 자기 자신을 표현하고, 수많은 정보들을 손쉽게 접하고 공유하며, 각각의 사람들과 친밀한 교류를 할 수 있다. 하지만 그들이 사이버 공간의 이용에 있어 충동성을 조절하지 못할 경우, 부모나 가족과의 문제, 인터넷 중독, 언어폭력, 왜곡된 경험 그리고 현실 세계와의 이질감 등의 심각한 문제들이 야기될 수 있는 것이다. 이러한 문제의식하에, '청소년과 사이버 공간'에 관련된 연구에서 청소년들의 일상과 함께하고 있는 사이버 공간이라는 것을 이해하고, 과연 청소년들이 이에 대해 어떠한 인식과 생각을 가지고 있는지 그리고 어떠한 영향을 받고 있는지 면밀히 살펴보면서 그 특성에 대해 조명할 필요가 있다.

07

기대불일치가 SNS에서 나타난 피해자 지지에 미치는 영향

전은미

본 연구에서는 불의의 사고를 겪은 피해자가 외적으로 가꾸는 것에 대한 사람들의 인식을 살펴본다. 구체적으로 본 연구는 SNS에 나타난 피해자가 명품브랜드가 현저히 드러나는 제품을 착용했을 때, 피해자의 도덕성을 낮게 평가하며 지지하려는 의도가 감소하는지 실험 연구를 통해 비교 조사하였다.

　특히 정보 교류가 빠르고 손쉽게 이루어지며 개인의 의견 표현이 즉각적으로 가능한 SNS상에 나타난 피해자의 모습에 초점을 맞춰 연구를 진행했다. 따라서 사람들이 SNS상에 나타난 피해자의 모습을 보고 이를 어떻게 평가하는지 확인하기 위해 본 연구는 인스타그램 프레임을 활용하여 실험을 제작하였다.

　2019년 교통사고로 안타깝게 사망한 어린아이의 사건으로 발생한 이슈, 일명 스쿨존 법안 발의에 대한 논란이 매우 크게 있었다. 이로 인해 새로운 스쿨존 교통법이 개정되었고 많은 사람들의 의견이 엇

갈리기 시작했다. 초반에는 피해자 아동 부모의 간절한 호소와 안타까움으로 사람들의 공감을 샀고 호의적인 여론이 많았으나 점점 그들을 비난하는 악성 댓글이 생겨났다. 또한 온라인 커뮤니티상에 피해자 아동의 부모를 대상으로 한 혐오 글들과 루머들이 증폭되기 시작했으며 관련 기사에는 악플이 수도 없이 달리기도 했다. 이러한 루머와 부정적 여론 또한 SNS상의 공유를 통해 빠르게 퍼져나가며 2차적 피해를 낳았다. 해당 사건과 관련하여 검색어를 포털에 입력하면 연관검색어에 '***엄마 샤넬', '*** 엄마 화장', '*** 아빠 옷' 등 사건과는 관련이 없어 보이는 키워드들이 함께 등장하기 시작했고, 여러 온라인 커뮤니티에서는 법안과 사건의 본질보다는 외적인 모습을 통해 비난하는 여론이 형성되기 시작했다.

심지어 샤넬 가방을 가지고 화장을 하고 머리를 단정하게 손질하고 인터뷰에 나선 아동의 부모를 협박하고 인신공격을 하는 글들이 각종 SNS와 커뮤니티 등에서 걷잡을 수 없이 퍼지고 그들의 법안 발의 의도를 의심하며, 아들을 잃은 슬픔이 진심이 아니라는 의견까지도 등장했다. 사람들은 왜 불의의 사고로 인한 피해자가 외적으로 화려하게 가꾸거나 사회적, 경제적 지위를 자신이 착용하는 제품으로 드러내는 것에 대해 부정적인 생각을 떠올리는 것일까? 구체적으로 브랜드 현저성이 짙은 제품을 착용했을 때 그것에 대해 왜 더 분노하고 혐오하는 일이 증폭되는 것일까?

이에 본 연구는 아직까지 진행되지 않았던 브랜드 현저성과 피해자와의 관계와 그 효과에 대해 조사하고자 한다. 여기에서 언급한 '브랜드 현저성'이란 해당 브랜드를 인지하는 데 드러나는 브랜드의 시각적 표시(예: 로고, 패턴 등)의 정도를 의미한다(Han, Nunes, & Drèze, 2010). 더 쉽게 말해 브랜드 샤넬(Chanel)에서 출시하는 여러 가지 디자인의 가방들 중 일부는 로고가 매우 크게 나타나는 경우가 있고, 샤넬인지 알아볼 수 없을 만큼 시각적 표시가 전혀 드러나지 않는 제품이 있을 수 있다. 따라서 본 연구는 사람들이 SNS상에서 쉽게 퍼져나가는 피해자 정보와 모습에서 나타날 수 있는 브랜드 현저성에 대한 행동에 주목하고, 이로 인해 피해자의 도덕성을 더 낮게 평가하는지 그리고 지지하려는 의도가 감소하는지 실험 연구를 통해 확인하였다.

본 연구의 기본적인 틀은 불의의 사고를 겪은 피해자는 동정과 공감이 증가해야 함에도 불구하고 이들이 가진 외적 단서에 따라 평가가 달라질 수 있을뿐더러 지지 의도가 감소하며 추가적으로 폄하 의도가 증가할 수 있다는 것을 밝히는 것이다. 사전 연구에 따르면(Samper, Yang, & Daniels, 2018) 외관을 가꾸는 행위는 그 사람의 진정한 성격이나 자아를 드러낼 수 있으므로 상대방의 내면을 평가하는 도구로 사용될 수 있다. 특히 해당 연구는 외적 단서(예: 명품 착용, 짙은 화장, 염색한 머리 스타일 등)가 상대방의 도덕성을 평가하는 도구로 활용될 수 있다는 점을 강조한다. 이러한 맥락에서 본 연구는 사람들이 자신을 꾸미기 위해 명품브랜드의 제품을 소지한 피해자의 진정한 모습에 대한 의심을 품게 할 수 있는 점에 주목한다. 따라서 두 번의 실험 연구를 통해 SNS에 나타난 피해자의 명품 착용 조건과 일반적인 제품 착용 조건, 두 집단에 대한 도덕성, 지지 의도, 폄하 의도 등을 측정하고 비교 분석하였다. 더불어 자신의 보유한 사회적 비교 성향에 따라 피해자의 명품 착용에 대한 부정적인 시각이 증가 혹은 감소하는지 살펴보기 위해 추가적인 실험 연구와 분석을 진행하였다. 즉, 자신이 지닌 사회적 비교 성향의 정도에 따라 피해자의 명품브랜드 착용에 대해 인식이 달라질 수 있으며, 이는 피해자의 도덕성을 평가하고 지지하는 의도에 영향을 미칠 수 있을 수 있다는 점에 주목하였다. 구체적으로 사회적 비교 이론에 따르면(Festinger, 1954) 인간이 사회 구성원으로서 사회적 삶을 영위하는 데 있어서 사회적 비교가 중대한 특징이라는 점을 강조하고 있으며, 인간은 자신이 지닌 능력과 의견 등을 타인에게 평가받고자 하는 기본 욕구를 지니고 있다(Wood, 1989). 이러한 욕구는 타인과의 비교를 통해서 얻어지는 정보로 충족되기도 한다. 이러한 사회적 비교 성향은 개인마다 다를 수 있으며, 높은 사회적 비교 성향을 지닌 사람들에게 타인의 외모나 브랜드, 사용한 제품 등에 더욱 주목하게 할 수 있다. 이에 본 연구에서는 사회적 비교 성향의 영향을 실험을 통해 함께 측정하고 분석하여 그 결과를 살펴보았다.

또한, 피해자의 성별에 따른 차이가 나타나는지 확인하기 위해 첫 번째 실험에서는 여성 피해자의 모습을 보여주고 두 번째 실험에서는 남성 피해자의 모습을 제시하였다. 그 결과 명품을 소지한 남녀 피해자의 도덕성을 더 낮게 평가하며 폄하하려는 의도 또한 증가하는 것으로 나타났다. 더불어 명품을 착용한 피해자를 지지하거나 도우려는 의도 또한 감소하는 것으로 드러났다.

본 연구는 피해자의 모습에서 드러나는 브랜드 현저성에 대한 부정적인 평가와 지지 의도, 도덕성의 연관성을 살펴보는 첫 연구로써 의의를 가지며, 근원적인 원인을 밝히고 브랜드, SNS, 피해자 평가와 관련한 후속 연구 창출에 의미 있는 결과를 제공할 것이다.

기대불일치와 피해자에 대한 지지 의도

일반적으로 사람들이 피해자에 대해 예상하는 모습은 차분한 컬러의 옷과 옅은 화장 그리고 액세서리를 착용하지 않은 모습일 것이다. 그러나 만약 이러한 예상과는 다르게 피해자가 명품브랜드를 착용하고 화려한 컬러로 염색을 한 모습을 목격했을 때, 사람들이 기존에 가진 기대와는 불일치가 발생한다. 기대불일치(Expectancy Violation) 이론에 따르면, 사람들은 자신이 기존에 가지고 있던 어떤 대상이나 상황에 대한 기대와 다른 양상이 나타나면 기대불일치가 발생하고 이것은 그 대상에 대한 부정적인 반응을 불러일으킬 수 있다(Ellison & Munro, 2009; Hackett, Day, & Mohr, 2008; Lens et al., 2014). 기대불일치는 특히 피해자가 기존의 기대와 일치하지 않을 때, 피해자에 대한 신뢰도를 감소시키는 것으로 나타났다(Bond et al., 1992). 반대로 사람들이 피해자에 대해 기대한 모습과 피해자의 감정적 상황이 일치할 때, 이에 대한 신뢰도가 증가한다(Wrede et al., 2015). 따라서 본 연구에서 사람들이 기존에 피해자의 외적 모습에 대해 가지고 있는 기대는 슬프고 고통스러운 감정적 상황과 일치하는 화려하지 않은 옷차림, 옅은 화장 등일 것이다. 즉, 사람들의 피해자에 대한 일반적인 기대는 명품브랜드 로고가 현저하게 드러나는 가방을 들고 브랜드를 대표하는 패턴이 있는 외투를 입은 모습은 아닐 것이다. 슬프고 고통스러워해야 할 피해자가 명품을 착용했다는 사실은 사람들의 기대불일치를 발생시키고, 그 사람에 대한 신뢰도 하락과 동시에 부정적인 평가로 이어질 수 있다. 따라서 브랜드 현저성이 드러난 피해자의 모습으로 그에 대한 공감과 동정은 감소하고, 지지하고 도우려는 의도 또한 낮아질 수 있다.

과시적 소비와 부도덕성

소셜 네트워크 서비스(SNS)의 파급력과 전달 속도는 그 무엇보다 빠르고 통제가 불가능한 면이 있다. 그런 점에서 SNS에 나타난 피해자의 모습 또한 사람들에게 더 관심을 불러일으키며 평가의 대상이 될 수밖에 없을 것이다. 특히 SNS는 타인이 무엇을 가지고 있는지, 어디에 갔는지, 무엇을 먹고 누구와 대화를 했는지 등의 사적 정보가 모두 공개될 수 있으며 이는 평가의 대상으로 여겨질 수 있다. 자신이 가진 소유물을 SNS를 통해 타인에게 공개할 때, 사람들은 그것을 단순한 정보 공유 혹은 과시하려는 목적 등 다양하게 해석할 수 있다. 일반적으로 자신이 가진 소유물을 타인에게 보여주는 행위는 과시적인 행동으로 보여질 수 있다. 게다가 명품브랜드를 드러내는 것은 더욱더 그런 행동과 관련이 깊다.

명품브랜드의 착용은 일반적으로 과시적 소비의 대표적인 예시이며 타인에게 자신의 사회, 경제적 지위를 드러내기 위한 행동의 일환으로 본다(Lee & Shrum, 2012; Veblen, 1899). 과시적 소비는 사회적 인상(social impression), 권력(power), 개성(uniqueness), 친사회적 행동(prosocial behavior) 등을 형성하는 데 다양한 관계를 가지기도 한다. 부정적인 측면에서 바라보자면 과시적 소비는 사람들의 부도덕성을 예상하게 하거나 허영심을 드러내는 것으로 비춰질 수 있다.

과시적 소비는 전형적으로 부도덕적 행동으로 여겨져왔다(Miller, 2001; Patty & Johnson, 1953). 이와 유사하게 명품 아이템을 구매하는 과시적 소비는 비윤리적이라는 인식이 존재하는데, 값비싼 제품을 소유하는 것은 탐욕적 행동으로 보이기 때문이다. 즉, 탐욕적 행동은 비윤리적인 행동의 주요한 특징으로 꼽히는데, 자신의 이익을 추구하는 것은 도덕적 원칙을 위반하는 행위이기 때문이다.

과시적 소비와 명품 착용, 그리고 도덕성 평가에 관한 사전 연구에 기반하여, 본 연구에서는 이러한 과정이 피해자에 대한 도덕성 평가로 이어지는지 확인하고자 한다.

외적 단서와 도덕성의 평가

명품브랜드를 착용한다는 것은 사람들에게 어떠한 표식으로 작용할 수 있다. 예를 들어 사람들은 자신의 사회적 위치나 부를 드러내기 위해서 명품브랜드를 착용하기도 하고(Han, Nunes, & Drèze, 2010), 자신의 개성, 성격을 강조하거나 자신을 패셔너블한 사람으로 어필하기 위해서 사용하기도 한다. 이렇듯 명품브랜드 착용은 상대방의 사회적 위치, 경제적 수준, 취향 등을 짐작할 수 있는 도구가 된다. 또한 명품브랜드의 사용은 자신의 외모를 가꾸는 것과 밀접한 관련이 있다. 사람들은 외모를 돋보이게 하거나 타인에게 매력적인 사람으로 보이고자 명품브랜드를 사용하는 경우가 더러 있기 때문이다. 따라서 명품브랜드의 착용과 외모를 가꾸는 행위는 밀접한 관련이 있다고 볼 수 있다.

한 연구에서는 외적인 모습, 신체적 특징을 많이 가꾸는 사람들일수록 도덕성이 낮게 평가된다는 것을 밝혀냈다(Samper, Yang, & Daniels, 2018). 일반적으로 사람들은 타인의 성격을 추측할 때 상대방의 외모를 보고 평가하기 때문인데(Dion & Dion, 1987; Langlois et al., 2000), 외적 요소가 두드러지는 복장이나 모습은 내적인 모습을 감추기 위한 행위로 보여질 수 있으므로 도덕성의 결여를 의심할 수 있다는 것이다. 이러한 상대방의 외모를 통한 기질의 평가는 복잡한 단계를 거치지 않고 자동적으로 동시에 발생한다(Miller, 1988). 즉, 상대를 평가하기 위해서는 시각적 표식이 가장 쉬운 도구가 되고 그 사람이 착용한 아이템, 겉모습 등을 통해 그 사람의 성격과 특성을 파악하게 된다. 이러한 점들을 통틀어 봤을 때, 브랜드의 사용 또한 신체적으로 가꾸는 행위의 일부로 보여질 수 있으며 상대를 평가하는 외적 단서로써 작용할 수 있다. 따라서 명품브랜드의 사용은 외모를 가꾸는 것으로 추측하게 할 수 있기 때문에 그 사람에 대한 도덕성을 낮게 평가할 가능성이 있다. 나아가 본 연구는 동정과 공감을 받아야 할 피해자임에도 불구하고 명품브랜드를 착용한 피해자에 대한 도덕성을 더 낮게 평가할 가능성이 있다는 점에 주목한다. 즉, 피해자가 명품을 착용한 모습을 본 사람들은 부도덕적인 사람일 것이란 예상을 하게 되고 부정적인 태도를 형성하게 될 것이다. 이렇게 형성된 부정적 태도는 피해자에 대한 지지 의도를 감소시킬 것이다.

이러한 본 연구의 가설을 검증하기 위해 실험이 설계되었다. 즉, 피해자가 명품브랜드를 착용했을 때 도덕성이 더 낮게 평가되는지 확인하기 위해 실험을 진행하였다. 다음 사진은 명품브랜드 제품을 착용한 피해자와 평범한 제품을 착용한 피해자의 모습을 제작한 것이다. 피실험자들은 두 가지 이미지 중 무작위로 하나의 이미지를 보게 되고, 동일한 기사 내용과 문항에 응답하게 된다. 피해자들은 불의의 사고를 겪었으며 인터뷰 기사를 재현하였다. 기사 내용은 아래와 같으며 해당 내용을 함께 제시하였다.

지난 11월 한 초등학교 인근 교차로에서 'A'씨의 자녀인 10살 초등학생이 우회전을 시도하던 화물차에 치여 중상을 입고 의식을 잃는 사고가 발생했다. 피해 아동의 보호자인 'A'씨는 "횡단보도가 없어 무단횡단 하는 사람도 많았고 골목도 좁은데 차도 빠르게 달려오면 어린이 보호구역이라 하더라도 안전사고가 발생하기 쉬운 구조"라며, 이어 "특히 아이들은 키가 작아 잘 안 보이는데 그걸 고려하지 않고 차들이 빠르게 달려 항상 조마조마했는데 결국 사고가 발생했다"라고 덧붙였다. 'A'씨는 어린이 보호구역의 사고를 예방하기 위해서는 행정안전부(행안부)와 도로교통공단이 적극적으로 교차로 구조 개선, 안전표지 설치, 어린이 보호구역 사고 처벌 강화등 전반적인 개선이 필요하다고 강조했다. 아래는 'A'씨의 인터뷰 장면의 일부이다.

본 실험을 통해 272명의 참가자를 모집하였으며, 참가자들은 위의 조건 중 하나의 조건을 보고 피해자의 도덕성을 추측해달라는 요청을 받았다. 이에 참가자들은 도덕성을 평가하는 문항들(예: 도덕적인, 윤리적인, 약속을 잘 지키는, 규범을 잘 지키는 등)에 응답하였다. 본 실험의 결과는 사람들이 명품브랜드가 확연하게 드러나는 피해자의 도덕성

피해자 도덕성 평가

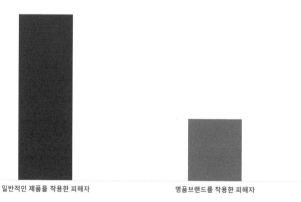

일반적인 제품을 착용한 피해자   명품브랜드를 착용한 피해자

〈그림 1〉 명품브랜드 착용이 피해자 도덕성 평가에 미치는 영향

을 더 낮게 평가하는 것으로 나타났다. 〈그림 1〉에 나타난 바와 같이, 실험 참가자들은 똑같은 기사 내용과 피해자의 명품브랜드 착용 여부에 대한 정보만으로 명품브랜드를 착용한 피해자가 도덕적이지 못한 사람일 것이라는 평가를 내렸다. 따라서 피해자의 명품브랜드 사용이 사람들의 부정적인 인식과 평가로 이어진다는 점을 실험 연구를 통해 확인하였다.

브랜드 현저성이 피해자 지지 의도에 미치는 영향

앞서 언급한 바와 같이 명품을 사용하는 것은 외적으로 자신을 꾸미기 위한 표식으로 나타날 수 있다. 외적으로 꾸미는 사람에 대한 도덕성은 낮게 평가될 수 있다는 사전 연구의 결과에 따라 본 연구의 첫 번째 실험에서는 명품 착용 여부가 피해자임에도 불구하고 도덕성에 다른 영향을 미치는 것으로 드러났다. 명품브랜드의 착용이 피해자의 도덕성을 낮게 평가하게 하는 것뿐 아니라 피해자를 지지하는 의도에도 영향을 미치는지 또 다른 실험 연구를 통해 확인하고자 하였다. 실제로 명품 브랜드를 착용하고 인터뷰를 진행했던 사고의 피해자는 악플에 시달리기도 하고, 소셜 커뮤니티에서 폄하되고 진심을 의심하는 논쟁이 이루어지는 일들이 있었다. 같은 사고를 당한 피해자임에도 불구하고 명품브랜드를 착용했다는 이유로 피해자의 도덕성을 낮게 평가하며 지지하지 않으려는 의도로 이어지는 점을 본 실험 연구를 통해 확인하고자 하였다. 특히 이번 실험에서는 피해자의 성별에 따른 차이가 나타나지 않는지 확인하기 위해 남성 피해자의 모습을 사용하였다(아래 사진 참조).

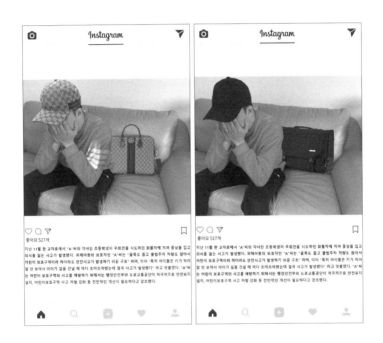

실험 참가자는 총 228명으로, 위의 이미지 중 하나의 이미지를 보게 하고 지지 의도의 문항에 응답하도록 요청하였다. 지지 의도의 문항은 세 가지 문항으로 구성되었다(나는 'A'씨를 돕고 싶은 마음이 있다; 나는 'A'씨의 사고 처벌 강화의 주장을 지지한다; 나는 'A'씨의 사고 처벌 강화 의견에 동의한다). 각 이미지에 대한 지지 의도를 측정한 문항의 평균값을

비교한 결과는 〈그림 2〉와 같다. 〈그림 2〉에서 보이는 바와 같이, 명품브랜드를 착용한 피해자에 대한 지지 의도가 일반적인 제품을 착용한 피해자보다 낮은 것으로 나타났다. 이러한 결과를 통해 명품브랜드를 착용한 피해자에 대해 부정적인 시각과 함께, 해당 피해자의 성격, 기질, 능력 등을 평가할 수 있는 정보를 제공하지 않았음에도 불구하고 지지하는 의도가 감소하는 것을 알 수 있다. 따라서 피해자가 명품브랜드를 사용하는 것만으로도 사람들에게 피해자를 평가하는 외적 단서로써 작용하며 이는 부정적인 시각으로 이어진다는 점을 실험 연구를 통해 재차 확인하였다.

피해자 지지 의도

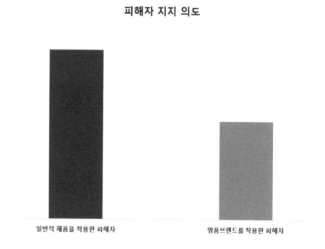

일반적 제품을 착용한 피해자   명품브랜드를 착용한 피해자

〈그림 2〉 명품브랜드 착용이 피해자 지지 의도에 미치는 영향

사회적 비교 성향이 피해자의
브랜드 현저성에 미치는 영향

앞서 서론에서 언급한 바와 같이, 본 연구에서는 이러한 브랜드 현저성과 피해자 지지 의도 간의 관계에서 개인이 보유한 사회적 비교 성향의 영향을 조사하였다. 사회적 비교 성향은 인간의 기본적인 욕구로써 사회적 삶을 살아가는 사람들이 모두 보유하고 있으며 이는 특히 타인을 바라볼 때 강하게 드러날 수 있다. 사회적 비교 성향은 자신이 가진 불확실성과 자원의 정도에 대해 끊임없이 평가하기 위해서 끊임없이 타인과 비교하며, 그러한 비교를 통해 취득한 정보는 자신이 이후에 어떠한 의사결정을 내리게 할 것인가에 대한 기준으로 작용하게 된다(Gibbons & Buunk, 1999). 특히, 사회적 비교 성향이 높은 사람들은 타인의 행동이나 언어에 대해 더욱 민감하게 반응하는 경향이 있다(Buunk & Gibbons, 2007). 그러므로 타인과의 비교에 더 몰두할 가능성이 크고, 타인에 대한 관심이 증가할 수 있다. 반면에 사회적 비교 성향이 낮은 사람들은 자신이 지닌 자원이나 능력에 대한 민감도가 낮고, 따라서 타인이 보유한 능력, 외적 단서 등으로 평가할 가능성이 감소할 수 있다.

종합해보면 사회적 비교 성향이 높은 사람들에게는 명품브랜드의 사용이 타인이 가진 자원 혹은 능력으로 비춰질 수 있으며, 이는 피해자에 대한 민감도를 증가시킬 여지가 있다. 따라서 사회적 비교 성향이 높은 집단은 피해자가 명품을 착용하는 것과 자신이 가진 자원을 비교하려는 욕구가 더 크게 발동하고, 이는 피해자에 대한 부정적인 시각으로 이어질 것으로 예상된다. 이에 본 실험 연구에서는 사회적 비교 성향을 측정하는 11가지 문항들을(Gibbons & Buunk, 1999) 실험 참가자들에게 제시하고 해당 점수의 평균값을 구하여 분석에 활용하였다. 사회적 비교 성향의 문항은 아래와 같다.

1. 나는 내 삶에서 성취한 것들을 다른 사람들과 비교하곤 한다.
2. 내가 무언가에 대해 더 배우고자 할 때, 나는 그것에 대해 다른 사람들이 어떻게 생각하는지 알기 위해 노력한다.
3. 나는 다른 사람들이 무언가를 하는 방식과 내가 하는 방식을 비교하는 것에 대해 항상 많은 주위를 기울인다.
4. 나는 가끔 내가 좋아하는 사람들(남자친구, 여자친구, 가족 등)이 다른 사람들과 어떻게 지내는지 비교하곤 한다.
5. 나는 항상 다른 누군가가 나와 유사한 상황에서 무엇을 할지 알고 싶다.
6. 나는 다른 사람들과 비교하는 타입은 아니다.(역척도)

7. 만약 내가 한 일이 얼마나 잘되었는지 알고자 할 때, 나는 다른 사람들이 얼마나 잘했는지 비교한다.

8. 나는 종종 내가 직면한 문제에 대해, 유사한 상황에 직면한 다른 사람이라면 어떻게 할지 알고자 한다.

9. 나는 가끔 나의 의견과 경험을 다른 사람들과 나누는 것을 좋아한다.

10. 나는 절대로 내 삶의 상황을 다른 사람들과 비교하여 고려하지 않는다.(역척도)

11. 나는 가끔 나의 사회적인 행동(사회적 능력, 인기, 사회적 기술 등)을 다른 사람들과 비교하곤 한다.

예상대로 사회적 비교 성향의 점수가 높은 집단에서는 피해자가 명품브랜드를 사용한 모습에 노출되었을 때, 피해자의 도덕성을 낮게 평가하였으며 지지 의도는 감소하는 양상을 보였다. 반면에 사회적 비교 성향이 낮은 집단에서는 피해자의 명품브랜드 사용 유무에 따른 차이가 없는 것으로 나타났다.

이러한 결과를 종합해봤을 때, 피해자를 지지하려는 의도와 도덕성의 평가는 모든 사람들에게서 발생하는 것이 아니라 자신이 보유한 성향에 따라 달라질 수 있음을 적시하였다. 본 연구의 개념적 모델은 〈그림 3〉과 같다.

추가적으로 본 설문 조사에서 실험 참가자들에게 해당 SNS 기사를 본 뒤 피해자에 대해 느껴지는 바를 자유롭게 기술하도록 요청하

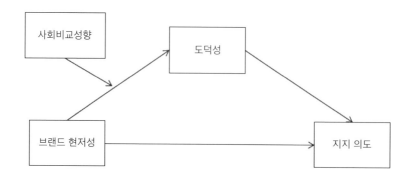

〈그림 3〉 사회적 비교 성향, 피해자의 브랜드 현저성과
지지 의도와의 관계를 나타낸 연구 모형

였다. 그 결과 브랜드 현저성의 조건에서는 주로 SNS상에 나타난 피해자 인터뷰에 대한 부정적 반응, 피해자의 부도덕성 추측 등에 관한 표현이 두드러졌다. 반면 일반적인 제품을 착용한 피해자 인터뷰 조건에서는 공감과 동정, 지지하려는 표현이 나타나는 양상을 보였다.

결론

　명품브랜드의 착용으로 인한 피해자 혹은 피해자 가족에 대한 비난, 의심, 폄하하는 댓글이나 SNS 게시물은 생각보다 쉽게 접할 수 있다. 사람들은 왜 사고의 본질보다 명품을 착용한 것에 더 주목하는 것일까? 브랜드가 현저하게 드러나는 것에 대해서 더 부정적으로 평가하는 이유는 무엇일까? 이러한 현상이 자주 발생함에도 불구하고 아직까지 실증 실험을 통한 연구는 없었다. 이에 본 연구는 실험을 위해 SNS 프레임을 활용한 이미지를 직접 제작하고 조사를 통해 비교한 결과를 제시했다는 점에서 의미를 가진다. 더불어 자신이 보유한 사회적 비교 성향에 따라 피해자 지지 의도에 미치는 영향이 달라질 수 있다는 의미 있는 결과를 제시하였다. 지금까지 브랜드 현저성, 피해자 평가, 부도덕성에 대한 연구들은 각기 많이 진행되어 왔지만 각 변수 간의 관계를 증명하고 원인을 파악한 연구로서 기존의 연구를 확장한 것이다. 또한 이러한 점은 피해자를 조사하는 심리학, 브랜드를 중점으로 보는 마케팅, SNS와 관련한 커뮤니케이션 등의 연구 분야에 새로운 시사점을 제공하며 후속 연구의 실증 결과를 제공할 수 있을 것이다.

08

정체성 정치에서
디지털 시민성의 방향

김지현

정체성 정치의 위기에 부쳐

커뮤니케이션의 새로운 기술이 등장할 때마다 우리의 정치 의식에 미칠 그 영향력에 대해 진지한 논의가 이어져 왔다. 대중적으로 잘 알려진 예로 사회정치 이론가인 베네딕트 앤더슨(Benedict Anderson)은 16세기 인쇄자본주의의 발달이 오늘날처럼 우리가 민족국가를 어떤 '상상된 공동체(imagined communities)'로 그리게 된 데 큰 역할을 했다고 보았다. 당시 서적상들이 보다 많은 수익을 올리기 위해 소수나 읽을 수 있던 라틴어로부터 탈피, 그 당시 가장 널리 사용되던 지방어를 인쇄물에서 사용한 것이 계기가 되어 안정적인 의사소통의 장이 구축되자, 그로부터 유연하게(동시에 유한하게) 경계 지어진 정치 공동체에 대한 상이 그려졌다는 것이다(Anderson, 2006). 이제 공통의 문화적 정체성을 뚜렷하게 인식하게 된 구성원들은 주권을 가진 공동체로서 '민족'을 상상하며, 그 자유를 지키기 위해 스스로를 희생하기까지 한다.

이처럼 민족국가 발달의 문화적 뿌리를 파악했던 앤더슨의 작업은 후대 사회학과 문화학 연구에 상당한 영향을 미친다. 한편에서는 민족은 '상상된 것'이기보다, 사회 역사적으로 형성된 '실재의 공동체'라고 반박했지만(신용하, 2006), 그 논의를 문화적 차원으로 확장하는 시도는 계속되고 있다. 이를테면 미국의 사회학자인 제프리 알렉산더(Jeffrey Alexander)는 사회 구조와 별개로 우리의 의식 차원에서 작용하는 '문화 구조'의 중요성을 강조하며, 이것이 국가 구성에서 일정한 역할을 한다고 주장한다(Alexander, 2006). 한 문화권의 구성원들이 세계에 의미와 관련성을 부여하기 위해 이용하는 여러 무리의 기호와 상징들이 일종의 자원처럼 기능한다는 것이다. 문제는 사람들이 그러한 구조적 작용을 부분적으로만 인식하거나, 아예 무심한 상황에서 그 구조가 위계적이고 차별적으로 변하는 것이다. 철학자인 에티엔 발리바르(Étienne Balibar)는 1991년도에 나온 저서 〈인종, 국민, 계급: 모호한 정체성들(Race, nation, class: Ambiguous identities)〉에서 민족주의는 일종의 '사회의 민족화(nationalization)' 기획과 같다고 비판하며 그것이 인종 차별과 밀접히 연결될 위험을 지적한 바 있다(Balibar, Wallerstein, & Wallerstein, 1991).

그런데 전 지구화와 정보화로 급격히 사회 구조의 변화가 목격된 후기 근대(late modernity)에 들어 이와 같은 국가주의적 정체성 개념은 도전받는다. 이전까지 정치/사회/문화를 안정적으로 구성하던 국가, 가족, 집단과 같은 "선행하는 조건들과 무자비한 단절"(Harvey, 1989, 12쪽)이 이뤄지면서 '옛' 정체성들—지금까지 이야기한 민족뿐 아니라 계급과 성, 젠더, 인종 등을 포함한—문화적 정체성들이 쇠락하거나 새롭게 이해되기 시작한다. 라클라우(Laclau, 1990)가 말한 '탈구조' 속에서 이러한 사회 구조의 중심의 변화는, 단순히 또 다른 구조적 중심에 의해 대체되는 것이 아닌 '복수의 힘의 중심들'에 의해 추동된다. 이런 의미에서 정체성 형성의 구조는 항상 열려 있게 된다. 문화 연구의 선구자로 불리는 스튜어트 홀(Stuart Hall)은 이런 맥락에서 정체성을 문화 체계들 속에서 재현되거나 다뤄지는 방식과 관련해 형성되고 끊임없이 변형되는, 생물학적인 것이라기보다는 역사적인 것이라고 정의하며, 전 지구화로 생활 공간과 혈통, 출생지가 혼합됨에 따라 이제 우리의 문화적 정체성은 특정 시기와 장소, 전통에 묶이기보다 그때그때의 선택에 따라 맥락적으로 구성되는 불안정한 개념이 됐다고 주장한다(Hall, 1992/2000).

  문제는 이러한 변화가 가져오는 정치적 결과이다. '정체성의 파편화'를 통해 이제 개개인은 통일된 주체로서의 '하나의 자아' 개념을 확신할 수 없게 되며, 결과적으로 스스로의 정체성을 모순되거나 불안하게 느끼는 '정체성의 위기'까지 느낄 수 있다. 이를 두고 1960년대부터 본격적으로 논의되기 시작한 철학 사조인 포스트모더니즘이나 후기 구조주의의 이론들은 기존의 본질론적 정체성 개념에 대한 인식이 해체된 결과라 평하며, 결과적으로 민족주의에 기반한 국민국가에 대한 인식에도 변화를 가져올 것으로 본다(Hall, 1992/2000, 327쪽). 상이한 정체성들의 교차와 경쟁, 구조로부터의 탈구로 결정되는 근대적 정치에서 이제 국가도 열린 개념이 될 수 있다는 것이다. 민

족국가의 영문 표기인 'nation-state'에서 보여지는 삶의 사법적 측면
을 지칭하는 'nation(국가)'와 개인의 성격에 따른 면을 가리키는
'state(상태)' 사이에 놓인 하이픈이 느슨해지는 정도와 비례해서 말이
다(Butler & Spivak, 2007/2008, 14쪽).

마누엘 카스텔의 네트워크 사회학

정보 이론의 석학, 마누엘 카스텔(Manuel Castells)은 나아가 근대국가의 위기와 정체성의 문제를 기술 변화의 문제와 연관 짓는다. 그에 따르면, 시공간에 대한 국가 통제가 자본과 재화, 서비스, 기술, 통신과 정보의 흐름에 압도되는 전지구적 규모로의 네트워크 사회로의 전환이 이뤄지면서 국가에 의한 정체성 구성 역시 이전의 억압적 방식으로 진행되지 않는다. 보다 구체적으로, 그의 기념비적인 '정보시대' 3부작(Castells, 2008, 2009, 2010)에서―특히 〈정체성 권력(The Power of Identity)〉에서는―디지털 커뮤니케이션 기술의 역할을 국가의 그것보다 강조하며, 인터넷과 같은 새로운 기술들이 개인들의 네트워크를 확장하는 과정에서 수많은 주체들의 자발적 운동들이 추동되고, 그로부터 새로운 집단 정체성들이 형성된다고 주장한다(Castells, 2008).

여기서 카스텔이 집단 정체성을 개념화하는 방식이 독특한데, 그 첫 번째 유형인 '정당화 정체성(legitimizing identity)'은 기존 사회에서 지배적 제도들에 의해 도입돼 구조적 지배를 확대하거나 합리화한다. 반면 두 번째 유형인 '저항적 정체성(resistance identity)'은 지배 논리에 의해 폄하되거나 혹은 배척당한 행위자들에 의해 추구되는 것으로, 사회제도에 널리 퍼져 있는 원리에 저항하는 경향이 있다. 마지막 유형인 '기획적 정체성(project identity)'은 어떤 사회 행위자들이든 이용 가능한 문화적 재료에 기반, 스스로의 사회적 지위를 재정의하기 위해 새로운 정체성을 구축하려는 기획으로부터 생성되는 것으로, 카스텔은 직접 그 사례로 가부장주의에 도전한 페미니즘과 환경 문제에 대한 시민사회의 집단 대응인 생태주의 운동을 든다. 이러한 급진적 성격의 사회 운동과의 관련 속에서 네트워크화된 시민들 사이의 자율적 조직화를 통해 국가와 개인의 관계, 정체성 구성에서 권력의 작용에 대한 새로운 접근을 추진하는 '기획적 정체성' 사례들이야말로 카스텔에게는 오늘날 정체성 정치가 추구할 긍정적 예시로 평가된다. "현대성에서 초기 또는 후기의 기획적 정체성은 시민사회로부터 구성되었으나(가령 노동 운동에 기초한 사회주의 운동의 경우), 네트워크 사회에서 기획적 정체성은 만약 발생한다면 공동체적 저항으로부터 성장할 것이다. 이것이 네트워크 사회에서 정체성 정치의 새로운 우월성이 지니는 실질적 의미이다"(Castells, 2008, 30쪽).

이상의 논의들은 다양한 정체성들의 공존과 경쟁에 기초해 개인들 간의 공동체적 움직임을 이끌어내는 새로운 시민정치 문화의 가능성을 제시한다. 실제 후속 저작들에서 카스텔은 다양한 경험 연구들을 통해 이러한 '초조직적' 네트워크 형성으로 이뤄진 사회 운동이나 봉기의 예를 들어 인터넷 이후 등장한 소셜 미디어와 같은 사이버 공간이 시민들의 자율적 조직화와 숙고를 위한 플랫폼으로서 기능하며, 일종의 정치적 공유지(political common)로 발달하고 있음을 보여주었다(Castells, 2015a, Castell, 2015b). 그의 사례 연구에는 한국에서 젊은 유권자가 주도해 대규모의 네트워크형 시민정치 행동으로 발전한 노사모의 투표 운동도 포함돼 있다(Castells, Fernández-Ardèvol, Qiu., & Sey, 2007). 이러한 접근은 국가주의 접근을 보인 앤더슨이나 정체성의 파편화와 맥락적 구성을 다룬 후기 근대의 다른 사회문화 이론들에 비해 정치 커뮤니케이션에서 기술 이용을 통한 집단 정체성의 형성이 어떤 구체적 효과를 거둘 수 있는지, 특히나 현시대 전 세계적으로 다발적으로 출현하고 있는 정체성 정치의 문제들을 시민정치의 영역에서 파악하게 한다는 점에서 유용하다. 네트워크화 된 이용자를 단순히 그 기술을 수동적으로 이용하며 정보를 얻는 것만이 아닌, 그러한 정보를 능동적으로 교환하며 논의하는 숙의 민주주의의 구성원으로 그리고 있어 이 글의 주제인 정체성 정치에 참여하는 시민의 디지털 역량이 갖는 의미와 효과까지 그릴 수 있게 한다(Calzada, 2022).

커뮤니케이션 권력과 상업화의 문제

　카스텔의 네트워크 이론은 네트워크 사회나 정체성 권력과 같은 독창적인 개념들을 통해 정보통신 혁명의 문제에 있어 지구적 경제 변화에만 천착하지 않는, 정체성 문제를 주제로 한 문화적 격변까지 다루는 이론의 확장을 보여주며 지난 수십 년간 커뮤니케이션과 미디어 문화 연구 분야에서 각광받았다(Fuchs, 2009, Kim & Yu, 2022). 이에 멈추지 않고 카스텔은 저작 〈커뮤니케이션 권력(Communication power)〉(2015a)을 통해 디지털 커뮤니케이션의 도래에 따른 정치 커뮤니케이션 분야에서의 권력관계의 변환까지 논의하기 시작했다. 이미 본격화된 인터넷 공간의 상업화에도 불구하고, 여전히 디지털 네트워킹 기술에 대한 개인의 자율적 이용이 가능하다는 점에서 기존의 매스 커뮤니케이션에 기반한 미디어 정치로부터 차별화된 자율 문화가 형성되고 있다는 것이다. 블로그와 유튜브 등의 사례에서 참여적 커뮤니케이션 네트워크가 형성, 개인과 조직이 자체의 메시지와 콘텐츠를 생성하고 전 세계 수용자에게 전달할 수 있는 '매스 셀프 커뮤니케이션(Mass Self-Communicatio)'이 본격화되었다고 새로운 개념을 제시하기도 한다(Castells, 2015a, 213쪽). 이는 미디어 학자인 헨리 젠킨스(Henry Jenkins)가 이른바 '컨버전스 문화론'에서 디지털 테크놀로지가 문화 생산으로의 시민 참여를 가능하게 하며 플랫폼, 콘텐츠, 매체 사이의 융합이 이뤄지는 환경에서 미디어 이용에서의 능동적 역할이 기대된다고 한 것과 유사한 주장이다(Jenkins, 2006).

이런 식의 접근들에 비판적인 일부 이론가들은 시간이 흐를수록 심화되는 미국발 빅테크 기업들에 의한 디지털 공간의 반독점화 문제(Fuchs, 2009)의 심각성을 간과한다고 비판한다. GAMAM으로 불리는 소수의 미국발 테크 기업들(Alphabet(Google), Apple, Meta, Amazon, Microsoft)이 반독점적으로 운영하는 소셜한 공간들을 통해 이용자들 사이에서 교환되는 정보와 지식, 문화적 표현들에 대한 상업적 이용과 전유가 이뤄지면서 그로부터 발달하는 정보자본주의에 대한 비판이 늘고 있는 상황이다. 카스텔이 말한 '매스 셀프 커뮤니케이션'을 통한 의미 생산 역시 기획적 정체성 추구라는 사회화 계기로 이어질 수 있지만, 동시에 이용자들의 활동을 사적으로 전유하는 플랫폼 자본주의에 의해 착취당할 가능성이 있다.

카스텔의 시각에서 반독점 자체는 우려스러운 일이지만, 그것이 특정 기업이나 정부의 절대적 커뮤니케이션 파워를 보여주는 것은 아니다. 현대 "미디어 정치의 절차는 복잡다단"해서, 특정 기업이나 정부가 네트워크 속에서의 권력을 장악하는 것이 현실적으로 힘든 일이기도 하다. 자본 계급은 글로벌 시장의 자율적인 역동성에 의존하는 경향이 있으며, 정부는 불완전한 글로벌 거버넌스의 복잡한 네트워크와 연결돼 있어 여러 업계와 이익 집단의 압력을 받는다. 권력의 전 지구적 네트워크로의 분산이 이뤄지는 상황에서 커뮤니케이션 권력에 대한 전략적 접근도 이어지지만 동시에 거부 모두 형성되고 있음은 그 권력 작용의 역동성을 보여준다. 어떤 커뮤니케이션의 권력자라도 "역사의 변두리로 물러서지 않고 저항하는 사회 운동과 사회적 표현들에 의해 주기적으로 공격을 받아왔다"(Castells, 2015a, 109-110쪽).

동시에 비슷한 관점에서 카스텔은 미디어 정치와 관련, 커뮤니케이션 네트워크가 새로운 규모의 정치 행동을 가능하게 하는 잠재성을 강조하면서도 현실에서 그 네트워크를 둘러싼 투쟁은 계속된다는 점 역시 분명히 해왔다. "디지털로 무장한 시민들이 어쩌면 중요한 승리를 얻을 수도 있다. 그러나 이러한 승리는 필연적으로 영구적일 수 없다. 왜냐하면 네트워크 사회에서 권력을 움켜쥔 자는 상업적, 정치적 네트워크 안에서 자유로운 의사소통을 막기 위해 사용 가능한 모든 수단을 동원하기 때문이다."(MacKinnon, 2013, 23쪽). 즉 네트워크의 잠재성은 현실 정치와 사회의 구조적 조건 속에서 제한적으로 실현될 수 있으며, 어디까지나 그 권력 작용에 대한 시민의 비판적 관심을 요구한다.

결국 오늘날 매스 셀프 커뮤니케이션 환경에서 '네트워크화된 권력(networked power)'의 작동은 사회의 여러 기관에 내재된 구조적인 지배 역량을 근거로 하되, 어떤 행위자의 의지가 다른 행위자의 의지에 부과하는 관계적 역량으로부터 파악되어야 한다(Castells, 2015a, 108쪽). 그 네트워크는 인간뿐 아니라 기술을 포함한 다양한 요소들로 구성되는 바, 이러한 상이한 요소들과 전략적으로 동맹을 맺으며 협력과 경쟁을 동시에 실천하는 행위자들의 기술 역량도 그로부터 강조될 수 있는데, 이를 두고 카스텔은 행위자들이 네트워크에서 권력을 구축하려면 네트워크 목표를(재)프로그래밍하는 역량과 다양한 전략적 네트워크 사이를 연결해주는 지점들에 대한 통제 능력이 필요하다고 밝힌다(Castells, 2008, 59-62쪽; 김남옥·박수호, 2015, 150쪽).

물론 다른 측면에서도 카스텔의 네트워크 이론이 가진 한계들은 지적돼왔다. 그 개념들이 가진 모호성, 그 이론의 핵심이라 할 '네트워크'에 대한 비유적 표현들이 가진 문제와 그 이론의 전개에서는 기술 중심적 또는 다른(현실적) 요소들을 희생한다는 비판, 프로그래밍 역량에 따라 다른 결과가 나올 수 있다는 것을 시사하는 '열린 결말'에 대한 불만이 제기되어왔다(김남옥·박수호, 2015, 152쪽). 정체성과 관련한 문화정치 이론들은 카스텔 이론이 신자유주의 이데올로기와 공명한다고 비판하기도 한다. 카스텔이 주장하는 '네트워크화된 개인'이 사실은 '지양된 노동자 계급'으로서, "신자유주의 붕괴 때문에 경제적 미래를 빼앗기지만 하나의 계급은 아닌", "젊고 네트워크화되고 비교적 자유로운 인간"(Mason, 2017)을 상정하고 있다는 것이다. 결과적으로 카스텔식 접근은 "일상적 신자유주의"(Couldry, 2015, 260쪽)에 대한 분석을 하는 것을 제한하거나, 그 분석에서 한계를 지닌다.

디지털 시민의 라이브 스트리밍 이용과
주목경제의 형성

　카스텔 이론의 장단점을 숙고하며 무선통신 기술의 발달 속에서 새롭게 등장하는 '뉴' 미디어 이용을 살펴보자. 시민사회의 네트워크화된 움직임을 분석하는 데 카스텔 이론을 대체할 성숙한 이론이 아직 등장하지 않은 데다, 현대 정치문화에서 매스 셀프 커뮤니케이션을 통한 집단 정체성 형성의 문제는 심화되고 있어 그에 대한 관심이 요구되는 상황이다. 유튜브와 같은 이용자 창작 콘텐츠의 공유가 실시간으로 활발하게 이뤄지는 플랫폼이라 할 것인데, 정치 시사 전문 채널들의 각종 라이브 스트리밍 쇼들이 정치 팬덤들과 연결되며 영향력을 발휘하고 있다.

　카스텔은 미디어를 이용할 때 메시지를 스스로 생성하고, 그 메시지가 수용되는 플랫폼을 자율적으로 선택하며, 다른 콘텐츠를 리믹싱하는 작업까지 자발적으로 하는 개인과 집단을 두고 매스 셀프 커뮤니케이션의 능동적 주체로 긍정적으로 그린다(김남옥, 2016; Castells,

2015a). 정보와 콘텐츠의 소비뿐 아니라 생산 모두에서 창조성을 발휘하는 디지털 시민의 "창조적 수용자"(Castells, 2015a, 217쪽)로서의 역량과 이들의 매스 셀프 커뮤니케이션에서의 주체적 활동이 연결될 때, 나아가 그 메시지가 대규모 수용자들 사이에서 공유되며 새로운 집단 정체성의 추구와 다양한 하위 문화의 생성에 기여할 때 필견 그 정치적 효과는 긍정적으로 평가될 수 있다.

카스텔은 여러 웹 2.0 신기술을 통해 매스 셀프 커뮤니케이션을 통한 시민들의 자율적 표현들이 증가할 경우, 기존 주류 미디어의 프레이밍(framing)을 벗어난 메시지들이 그로부터 교환될 수 있어 기존 사회 지배 질서나 부조리에 대항하는 기획적 정체성의 형성과 연결될 것이라 낙관적 견해를 보인 바 있으며, 그 과정에서 이뤄지는 정서의 교환 역시 그 성질과 무관하게 일정한 역할을 한다고 본다. 이를테면 정치적 부조리에 대한 대중의 '분노'는 사람들 사이를 연결시키고, 그로부터 형성된 네트워크를 통해 '희망'의 메시지가 교환되면서 사회 운동을 촉진할 수 있다(Castells, 2015a, 234-239쪽).

문제는 그 활동의 기술적 조건이 된 플랫폼의 상업화 문제가 심화되는 상황에서, 그 네트워크가 경쟁에 기초한 주목경제(Goldhaber, 1997, Davenport & Beck, 2001)의 형태로 발전하고 있다는 데 있다. 카스텔이 '정치적 공유지'가 될 것이라 기대한 매스 셀프 커뮤니케이션 네트워크는 이용자들의 관심과 정동을 이윤 창출 활동에 다양한 장치를 통해 통합시키는 플랫폼 자본주의와 연결돼 사회적 커뮤니케이션을 위한 개방적 자원으로서 네트워크가 가졌던 잠재성은 이윤 추구 활동에 의해 침식되고 있다. "공유지의 비극(tragedy of the commons: 개방적 자원에 대한 개인들의 이기적 행동들로 그 자원 자체가 고갈되는 현상)"(Ostrom, 1990, 2008) 현상이 재차 목격되고 있는 것이다.

유튜브 슈퍼챗의 경우, 이용자들 사이의 관심과 정동의 교환 규모에 비례해 콘텐츠를 생산한 이용자에게 화폐로 보상하고 있는데, 그로부터 얻는 수입으로 생계를 유지하려는 '반직업적' 콘텐츠 생산자들이 늘면서 이들 사이에서 그 플랫폼의 제한된 규모의 관심을 최대한 끌어오기 위한 경쟁이 벌어지고 있다. 다른 정치적 성향을 지닌 집단을 도발하는 내용의 콘텐츠를 만드는 것을 생계 수단으로 삼는 일명 프로보커터(김내훈, 2021), 관종들(김곡, 2020)이 그러한 주목경제의 승자처럼 굴고 있는데, 이들이 실시간 방송을 통해 전하는 메시지는 타자에 대한 인정과 대화나 설득을 통한 화합보다는 무리짓기를 통해 '우리'와 '그들'을 나누는 타자화(otherizing)―더 나아가서는 특정 대상에 대한 적대감을 과하게 비방하거나 그 사회가 물리쳐야 할 적처럼 윤색적으로 비방하는 악마화(demonizing)까지 이어지는― 극단적 기획들에 보다 친화적이다. 이들뿐 아니라더라도 속도전이라는 말이 나올 정도로 누구보다 앞서 영상을 업로드해야 그 장의 제한된 관심을 끌어올 수 있기에, 어떤 주제나 사건에 대해 저널리즘의 원칙을 지키며 취재를 하거나 사실 확인을 거쳐 정보를 제공하기보다는 젠더, 세대, 계층 갈등에 대한 자극적인 코멘트로 '어그로를 끄는' 사이버렉카 사례들도 나와 사회적 문제가 되고 있다. 음모론을 비롯한 위험한 가짜 뉴스들을 인용하며, 상대와 타 집단에 대한 그 자신의 정치적/윤리적 비난과 공격을 정당화하는 근거로 내세우는 최악의 경우까지 나오고 있어서다.

여기에 전 세계적으로 불어닥친 문화전쟁의 다양한 민족주의 갈등들까지 추가돼 그 커뮤니케이션을 통해 사회적 연대와 화합이 이뤄지는 것만큼이나 집단 간 갈등과 차별이 조장되고 있다. 일례로 민족주의로 관심을 끌어보려는 콘텐츠도 유튜브 트렌드로 최근 인기를 끌고 있는데, 국수주의로부터 자민족 중심주의, 속된 말로는 '국뽕'이라는 유행어를 그 정체성으로 내세우는 경우가 왕왕 있다. 사회학과 미디어학의 선행 연구들을 통해 그러한 문화의 명암이 이미 여러 차례 지적되었지만(정한울, 2020, 장휘 & 송경호, 2021), 타 문화와의 공존과 차이에 대한 이해를 표현하기보다는 '우리' 문화의 우수성과 우월함을 강조하고 다른 문화와 맥락 없이 비교하며 차이만을 강조해 관심을 끄는 일이 계속되고 있다. 이런 식의 라이브 스트리밍의 정체성 정치를 이용하는 집단들의 갈등이 늘수록—예를 들어 정치적 현안을 둔 보수와 진보의 갈등, 갈수록 혼종화/개인화되는 문화를 두고 벌어지는 세대 갈등 속에서—이전보다 더 심각한 '정체성의 위기'가 찾아들 것이다.

한국의 최근 정치문화를 돌이켜 살펴보면, 2017년 대통령 탄핵을 기점으로 2022년 한국의 대통령 선거에 이르기까지, 굵직한 정치적 이벤트가 있을 때마다, 정치인들이 직접 정치/시사평론에 전문화된 채널들을 찾아 출연할 정도로 정치 방송의 영향력이 갈수록 커져왔다. 국내 유튜브 후원액 추정을 통한 고소득자 순위 집계에서 상위

5개 채널 중 1위와 3, 4, 5위가 모두 정치적 주제를 다루는 보수 성향의 논객들에 의해 운영되고 있을 정도로 상업적 성공도 거두고 있다. 이와 관련 국내 한 언론사는 "막나간 이유 있었다"며 정치 콘텐츠가 순위권에 포함되는 것은 전 세계적으로 드문 현상이라 보도했는데, 실제로 한국 내에서 1위를 차지한 가로세로연구소(가세연)의 경우 2020년 전 세계 슈퍼챗(유튜브의 독자적인 후원 시스템)에서 10위권 내에 유일하게 정치 콘텐츠로서 포함된 이색 사례이다(최민우, 2021).[1]

---

1) 2018년 7월 개설된 가로세로연구소는 현재까지 라이브 스트리밍에 대한 시청자 후원으로만 10억원 이상을 벌어들인 것으로 알려졌으며, 각각 3위와 5위를 차지한 전광훈 목사의 '너알아TV'가 2억 8100만원, 이종원 개혁국민운동본부 대표의 '시사타파TV'는 2022년 한 해에만 2억 7950만원 수입을 올렸다(최민우, 2021).

정체성 정치에서 디지털 시민성의 방향

카스텔 역시 〈이동통신과 사회〉에서 이러한 문제를 언급한 바 있다. 그에 따르면 이동통신 기술은 메시지를 주고받는 출처를 확인할 수 있는 연결 논리를 가지고 있어 메시지의 신뢰성을 증가시키며, 신뢰할 만한 것으로 간주되는 정보를 효과적으로 유포할 수 있는 매체지만, 동시에 오늘날에는 가짜 뉴스라고 총칭되는 잘못된 정보(mis-information)와 허위 조작 정보(disinformation) 등의 문제적 정보들까지 같은 기술을 통해 쉽게 유포될 위험이 있다. 다시 말해, 이러한 기술이 가진 "민중 동원의 힘이 자칫하면 민중 선동의 위험에 빠질 수 있는 것"이다(Castells, Fernández-Ardèvol, Qiu., & Sey, 2007).

이런 상황에서 카스텔의 이전 논의를 빌려 정체성 정치와 디지털 시민성의 문제를 이야기하는 것은 불성실한 일이다. 이동/무선통신 기술을 이용하는 라이브 스트리밍의 경우, 공식적인 정치 조직이 부재한 공유지적 성격을 가지지만 그 네트워크에 기반한 운동들의 성격을 이전처럼 '저항적 정체성', '기획적 정체성' 등으로만 설명할 수는 없다.

이러한 이유에서 김과 유(Kim & Yu, 2022)의 연구는 한국의 2016-17 촛불집회와 태극기 집회에 대한 라이브 스트리밍 사례 연구를 통해 디지털 커뮤니케이션 기술이 단순히 대규모 동원을 허용하여 사회 운동 참여의 의미를 재구성하는 것뿐 아니라 이들이 '폴레미컬 정체성(polemical identity)'라 부르는 것의 출현에 기여한다고 주장한다. 이 논쟁의, 논쟁을 좋아하는 정체성은 카스텔이 보인 상대적으로 희망에 찬 관점에서 갈라져 나와 타자화(otherizing)의 다양한 실천들에 의해 초래되고 있으며, 그로써 촉발된 참여의 새로운 의미론을 구성한다. 주목할 점은 그 구체적 실천에는 생각과 뜻이 비슷한 사람들과 결속하기 위한 수단으로 스스로 '진리/진실(truth)'을 추구하고 주장하는 것이 포함돼 있다. 객관적이고 중립적인 재현으로부터 구성되는 미디어 체제의 '진리/진실'에 대한 가치가 의문시되는 탈진실의 시대에 들어, 이러한 실천들이 대중주의, 허무주의와 얽히는 한편 오늘날 집단 정체성, 디지털 커뮤니케이션 기술들, 사회적 맥락들과 제도적 권력 사이에서 형성되는 관계를 어떻게 더 복잡하게, 미묘하게 바꾸는지 이들의 연구는 구체적 사례들을 통해 논의한다. 결과적으로 오늘날 플랫폼 자본주의 체제하에 매스 셀프 커뮤니케이션을 통한 집단 정체성의 형성 방식이 카스텔의 논의 이상으로 분화되고 있음을 보여주었다.

이런 이론적 확장이 디지털 시민성 연구에 시사하는 바는 무엇인가? 지금까지 국민국가와 문화적 정체성의 위기에 대한 사회학과 미디어 연구의 분야에서 그 혁신성을 인정받아온 카스텔의 네트워크 이론을 통해 정보 생산과 교환에서 시민 참여를 가능하게 한 디지털 커뮤니케이션 기술의 발달, 그로부터 형성되는 다양한 형태의 집단 정체성의 문제와 무엇보다 그로부터 사회적 변화가 이뤄질 수 있는 가능성이 진지하게 논의됐다. 카스텔의 이론의 장단점을 살피며 오늘날 라이브 스트리밍 플랫폼의 상업화와 주목경제의 병폐까지 추가적으로 짚어보며, 우리 삶의 공적 영역에 대한 주의를 끄는 저항적, 기획적 정체성보다 논쟁에 기반한 '폴레미컬 정체성'이 새로운 정체성 정치의 주제로 떠오르고 있음도 지적했다.

한국 정부의 정책 사례를 살펴보면 이러한 문제들에 대해 미디어 교육의 측면에서 그 해결책을 구하고 있는 듯하다. 교육 분야에서는 디지털 시민성의 일환으로서 디지털 정보로 정체성을 표현하는 시민의 역량과 자질, 태도에 대한 제도적 교육 프로그램의 계발을 강조한다. 예를 들어 방송통신위원회와 한국지능정보사회진흥원에서 운영하는 미디어 리터러시 기획인 '아름다운 디지털 세상'[2]에서는 디지털 시민성과 정체성 문제에 대해 "디지털 공간 안에서 '나는 누구인가'에 대한 답을 추구하거나 성찰하는 활동과 함께 스스로 디지털 세상에서 건강하게 바람직한 시민으로 살아갈 수 있는 역량을 기

---

2) 기관 홈페이지에서 자세한 프로그램 구성을 확인할 수 있다. 홈페이지 주소는 https://ainse.kr/main.do이다.

디지털 시민성의 조건: 융합적 관점과 연구 사례

를 수 있도록" 교육 방향을 잡을 것을 제안하고 있다. 이때 미디어 이용에 대해서는 "자기 주체적이지 않고 쏠림 현상에 의한 참여의 자세라면 곤란하다"며 "자신에게 맞는 미디어를 선택하는 것이 필요하고, 선택했다면 그 소셜 미디어에 대해서만큼은 완벽하게 이해하고 활용해야 하는" 주체적 노력을 강조한다.[3]

　하지만 탈진실이 진실인 것처럼 느껴질 정도로, 전문가와 아마추어, 대중 누구나가 생산하는 정보의 홍수 속에서 객관적/중립적 진실과 사실을 찾는 것은 어떤 개인에게라도(그 문화적 소양과 기술적 역량의 차이를 넘어) 부담스런 일이 되고 있다. 주목경제의 발달을 지켜보면서도, 어떤 사심도 품지 않고 이러한 '진실 찾기' 여정에 참여하라는 주문 역시 지나치게 윤리적으로 들릴 수 있다. 이런 공적 가치를 추구하는 활동, 윤리적 삶을 위한 투자를 누구나 시간과 돈을 내어 할 수 있는 것은 아니지 않나? 카스텔 이론의 취약점으로 정보 불평등과 기술 이용 격차를 간과한 문제가 지적돼왔는데, 미디어 리터러시 교육에서도 이러한 문제들을 고려해 현실적 조건 차이를 섬세하게 고려하는 프로그램의 개발이 필요해 보인다. 이러한 프로그램들의 방향이 미디어 이용의 문제를 개개인의 노력으로 해결할 것을 주문하는 '책임론'으로 끝나

---

3) 앞서의 '아름다운 디지털 세상' 웹사이트의 '디지털 시민교육' 코너에는 디지털 정체성과 관련 '디지털 시대 시민되기' 책자를 통해 디지털 시민을 대상으로 한 정체성 교육과 미디어 리터러시에 대한 자세한 정보를 제공한다. 책자 링크: https://ainse.kr/front/digital/digitalcitizenList.do

지 않는, 오늘날 디지털 커뮤니케이션 이용에서 정치적 갈등 기술로 초래되는 양극화와 같은 정체성의 문제나 플랫폼 자본주의에 의한 기술 독점과 상업화의 문제에 대해 보다 비판적으로 대응하는 구체적인 실천 방안을 제시할 수 있는(디지털 시민성뿐 아니라) '디지털 사회성' 함양을 강조하는 것으로 바꾸는 것은 어떠할까.

참고문헌

01

김경희, 김광재, 이숙정 (2019). 모바일 환경에서의 미디어 리터러시 구성 요소와 세대 간 미디어 리터러시 격차. 한국방송학보, 33권 4호, 5-36.

김영욱, 김광호 (2010). 뉴스 미디어의 미래: 델파이 조사와 시나리오 기법을 통한 탐색. 한국언론진흥재단.

박혜영 (2019). 공중 관계(Public Relations)에 있어서의 공익성 개념화 및 척도 개발 연구. 홍보학 연구, 23(2), 34-78.

이신행 (2021). 편향적 인공지능: 네이버의 악플 탐지용 인공지능 '클린봇'이 판별한 혐오 표현의 유형 분석. 사이버커뮤니케이션학보, 38권 4호, 33-75.

이종영, 김동윤 (2022). 지역 지상파방송 뉴스콘텐츠 혁신 전략 탐색 연구 : 지역 뉴스콘텐츠 전문가를 대상으로 한 델파이 조사를 중심으로. 언론과학연구, 22권 1호, 5-48.

임영식, 정경은 (2019). 청소년 디지털 시민성 척도 개발. 청소년학연구, 26권 9호, 495-522.

홍주현, 나은경 (2016). 온라인 혐오표현의 확산 네트워크 분석: 이슈 속성별 확산 패턴 및 혐오표현의 유형과 강도. 한국언론학보, 60권 5호, 145-175.

Bruneau, E., Hameiri, B., Moore-Berg, S. L., & Kteily, N. (2021). Intergroup contact reduces dehumanization and meta-dehumanization: Cross-sectional, longitudinal, and quasi-experimental evidence from 16 samples in five countries. *Personality and Social Psychology Bulletin, 47*(6), 906-920.

Chen, G. M. (2017). *Online incivility and public debate: Nasty talk.* Springer.

Coe, K., Kenski, K., & Rains, S. A. (2014). Online and uncivil? Patterns and determinants of incivility in newspaper website comments. *Journal of Communication*, 64(4), 658-679.

Festl, R., Scharkow, M., & Quandt, T. (2015). The individual or the group: A multilevel analysis of cyberbullying in school classes. *Human Communication Research*, 41(4), 535-556,

Frischlich, L., Schatto-Eckrodt, T., Boberg, S., & Wintterlin, F. (2021). Roots of incivility: How personality, media use, and online experiences shape uncivil participation. *Media and Communication*, 9(1), 195-208.

Kenski, K., Coe, K., & Rains, S. A. (2020). Perceptions of uncivil discourse online: An examination of types and predictors. *Communication Research*, 47(6), 795-814.

Lawshe, C. H. (1975). A quantitative approach to content validity. *Personnel Psychology*, 28(4), 563-575.

Quandt, T. (2018). Dark participation. *Media and Communication*, 6(4), 36-48.

Rossini, P. (2020). Beyond incivility: Understanding patterns of uncivil and intolerant discourse in online political talk. *Communication Research*, 0093650220921314.

Stewart, R. W., Drescher, C. F., Maack, D. J., Ebesutani, C., & Young, J. (2014). The development and psychometric investigation of the cyberbullying scale. *Journal of Interpersonal Violence*, 29(12), 2218-2238.

Webler, T., Levine, D., Rakel, H., & Renn, O. (1991). A novel approach to reducing uncertainty: the group Delphi. *Technological Forecasting and Social Change*, 39(3), 253-263.

02

김경희, 김광재, 이숙정. (2019). 모바일 환경에서의 미디어 리터러시 구성 요소와 세대 간 미디어 리터러시 격차. *한국방송학보*, *33*(4), 5-36.

노정규, 민영. (2012). 정치 정보에 대한 선택적 노출이 태도 극화에 미치는 효과: 비정치적 온라인 커뮤니티 이용자들을 대상으로. *한국언론학보*, *56*(2), 226-248.

박경신. (2018). 드루킹 '댓글조작' 의 형법 및 공직선거법 적용에 있어서 합헌적 해석의 필요성. *선거연구*, *1*(9), 259-285.

박인성. (2022). 밈과 신조어로 읽는 인터넷 커뮤니티의 부족주의—남초 커뮤니티의 정서적 평등주의와 위임된 성장서사. *대중서사연구*, *28*(2), 59-93.

엄기홍, 김대식. (2021). 온라인 정치 여론 분석을 위한 댓글 분류기의 개발과 적용: KoBERT를 활용한 여론 분석. *한국정당학회보*, *20*(3), 167-191.

이원석, 이현상. (2020). 딥러닝 기술을 활용한 차별 및 혐오 표현 탐지: 어텐션 기반 다중 채널 CNN 모델링. *한국정보통신학회논문지*, *24*(12), 1595-1603.

이종일. (2017). 사례분석을 통한 한국 혐오스피치의 특징. *사회과교육연구*, *24*(4), 51-73.

장소연, 류웅재. (2017). 온라인 커뮤니티와 혐오의 문화정치: 일간베스트저장소와 메갈리아의 사례를 중심으로. *한국소통학보*, *16*(1), 45-85.

조제성. (2019). 과도한 인터넷 사용과 혐오표현 가해에 관한 연구. *한국중독범죄학회보*, *9*(1), 73-90.

조해람, 이홍근, 한수빈. (2021. 8. 11). 좌표 찍고 10분만에 댓글 800개… 신남성연대의 조직적 여론전. *경향신문*. 2022년 7월 14일 검색, https://www.khan.co.kr/national/national-general/article/202108111003011

홍주현, 나은경. (2016). 온라인 혐오표현의 확산 네트워크 분석: 이슈 속성별 확산 패턴 및 혐오표현의 유형과 강도. *한국언론학보*, *60*(5), 145-175.

Coe, K., & Park-Ozee, D. (2020). Uncivil name-calling in the US presidency, 1933-2018.

Presidential Studies Quarterly, 50(2), 264-285.

Coe, K., Kenski, K., & Rains, S. A. (2014). Online and uncivil? Patterns and determinants of incivility in newspaper website comments. *Journal of Communication, 64*(4), 658-679.

Pitsilis, G. K., Ramampiaro, H., & Langseth, H. (2018). Detecting offensive language in tweets using deep learning. *arXiv preprint arXiv:*1801.04433.

Reader, B. (2012). Free press vs. free speech? The rhetoric of "civility" in regard to anonymous online comments. *Journalism & mass communication quarterly, 89*(3), 495-513.

03

심재승, 이재준, 정이태, 안현철. (2020). 워드 임베딩을 활용한 한국어 가짜뉴스 탐지 모델에 관한 연구. *한국컴퓨터정보학회 학술발표논문집, 28*(2), 199-202.

이원석, 이현상. (2020). 딥러닝 기술을 활용한 차별 및 혐오 표현 탐지: 어텐션 기반 다중 채널 CNN 모델링. *한국정보통신학회논문지, 24*(12), 1595-1603.

Agarwal, S., & Sureka, A. (2014). A focused crawler for mining hate and extremism promoting videos on YouTube. *In Proceedings of the 25th ACM conference on Hypertext and social media* (pp. 294-296).

Al-Hassan, A., & Al-Dossari, H. (2019). Detection of hate speech in social networks: a survey on multilingual corpus. *In 6th International Conference on Computer Science and Information Technology* (Vol. 10, pp. 10-5121).

Anderson, A. A., Brossard, D., Scheufele, D. A., Xenos, M. A., & Ladwig, P. (2014). The "nasty effect:" Online incivility and risk perceptions of emerging technologies. *Journal of computer-mediated communication, 19(3)*, 373-387.

Bahdanau, D., Cho, K., & Bengio, Y. (2014). Neural machine translation by jointly learning to align and translate. *arXiv preprint arXiv:1409.0473*.

Borah, P. (2014). Does it matter where you read the news story? Interaction of incivility and news frames in the political blogosphere. *Communication Research*, 41(6), 809-827.

Coe, K., & Park-Ozee, D. (2020). Uncivil name-calling in the US presidency, 1933-2018. *Presidential Studies Quarterly, 50(2)*, 264-285.

Coe, K., Kenski, K., & Rains, S. A. (2014). Online and uncivil? Patterns and determinants of incivility in newspaper website comments. *Journal of Communication, 64(4)*, 658-679.

De Cremer, D., & Barker, M. (2003). Accountability and cooperation in social dilemmas: The influence of others' reputational concerns. *Current Psychology, 22(2)*, 155-163.

Kalch, A., & Naab, T. K. (2017). Replying, disliking, flagging: How users engage with uncivil and impolite comments on news sites. *Studies in Communication and Media, 6.Jg., 4/2017*, S.395-419

Kenski, K., Coe, K., & Rains, S. A. (2020). Perceptions of uncivil discourse online: An examination of types and predictors. *Communication Research, 47(6)*, 795-814.

Mikolov, T., Sutskever, I., Chen, K., Corrado, G. S., & Dean, J. (2013). Distributed representations of words and phrases and their compositionality. Advances in neural information processing systems, 26.

Minchul Lee (2022), Kiwi, Korean Intelligent Word Identifier, *GitHub repository*, DOI 10.5281/zenodo.6761939

Papacharissi, Z. (2004). Democracy online: Civility, politeness, and the democratic potential of online political discussion groups. *New media & society, 6(2)*, 259-283.

Reader, B. (2012). Free press vs. free speech? The rhetoric of "civility" in regard to anonymous online comments. *Journalism & mass communication quarterly, 89(3)*, 495-513.

Sadeque, F., Rains, S., Shmargad, Y., Kenski, K., Coe, K., & Bethard, S. (2019). Incivility detection in online comments. *In Proceedings of the eighth joint conference on lexical and computational semantics* (* SEM 2019) (pp. 283-291).

Stoll, A., Ziegele, M., & Quiring, O. (2020). Detecting impoliteness and incivility in online discussions: Classification approaches for German user comments. *Computational Communication Research, 2(1)*, 109-134.

Sutskever, I., Vinyals, O., & Le, Q. V. (2014). Sequence to sequence learning with neural networks. *Advances in neural information processing systems*, 27.

Wright, S., & Street, J. (2007). Democracy, deliberation and design: the case of online discussion forums. *New media & society, 9(5)*, 849-869.

04

강정수. (2014). 로봇저널리즘. 정보통신정책연구원 *ICT 인문사회융합동향, 6*(2), 23-34.

김동환, 이준환. (2015). 로봇저널리즘: 알고리즘을 통한 스포츠 기사 자동 생성에 관한 연구. *한국언론학보, 59*(5), 64-95.

김지현. (2020). 인공지능이 저지른 실수에 홍역 치른 저널리즘. *신문과 방송*. 검색일 7월 28일, 2022년, https://www.kpf.or.kr/front/news/articleDetail/591202.do.

나은영, 사영준, 나은경, & 호규현. (2022). 인공지능은 부정적 감정을 가라앉힐 수 있을까?: 인공지능 작성 기사와 인간 작성 기사가 수용자의 감정과 판단에 미치는 영향. *한국방송학보, 36*(2), 73-115.

박서연. (2020). MBN 김주하 인공지능 앵커가 무서웠던 이유를 물었다. *미디어오늘*. 검색일 7월 27일, 2022년, http://www.mediatoday.co.kr/news/articleView.html?idxno=210320.

박선옥. (2018). 세계 최초 인공지능 앵커 등장, 중국 신화통신; 실제 앵커 목소리 표정 등 합성 '가짜라서 불편한 느낌도'. *스카이 데일리*. 검색일 7월 27일, 2022년, https://www.skyedaily.com/news/news_view.html?ID=78864.

박진아. (2019). 인공지능 저널리즘의 법적 쟁점. *과학기술과 법*, *10*(2), 119-154.

백재현, 임종수. (2018). '혁신 없는' 로봇 저널리즘. *방송통신연구*, *103*, 103-136.

손재권. (2016). 인공지능 시대, 기자와 언론의 미래는. *관훈저널*, 43-51.

송종길. (2007). 매체별 신뢰도의 유사성 및 차별성 분석연구: 기자와 수용자 비교분석을 중심으로. *한국언론학보*, *51*(2), 180-202.

이동한, 정한울. (2019). 여론 속의 여론: AI가 쓴 기사에 '바람직' 24% 그쳐, 아직은 거부감 더 많아. *한국일보*. 검색일 7월 27일, 2022년, https://www.hankookilbo.com/News/Read/201907251622012252.

이윤영, 안종묵. (2018). 로봇저널리즘(Robot Journalism)의 사례와 이슈에 관한 탐색적 고찰. *커뮤니케이션학 연구*, *26*(2), 165-186.

이정일, 정원준. (2020). 로봇 저널리즘에 대한 기자와 독자 간 상호 인식 연구: 상호지향성 모델을 중심으로. *미디어 경제와 문화*, *18*(2), 113-155.

이희옥. (2021). 저널리즘에서 인공지능 활용과 기본권 보호. *미디어와 인격권*, 7(1), 153-191.

장희수. (2022). 로이터저널리즘연구소 보고서로 본 2021년의 기록, 2022년의 전망_2022년 주요 키워드는 구독 모델과 뉴스 이용자 커뮤니티 구축. *신문과 방송*. 검색일 4월 4일, 2022년, https://blog.naver.com/kpfjra_/222678579907.

추왕훈. (2019). "로봇기자, 득일까 짐일까"…'AI시대의 저널리즘'. *연합뉴스*. 검색일 4월 4일, 2022년, https://www.yna.co.kr/view/AKR20191202050100005.

한승연 (2021). [질문하는 기자들Q] 진화하는 AI 저널리즘…기자는 사라질까? *KBS NEWS*. 검색일 4월 4일, 2022년, https://news.kbs.co.kr/news/view.do?ncd=5181176.

Culbertson, H. M., & Somerick, N. (1976). Quotation Marks and Bylines—What Do They Mean to Readers?. *Journalism Quarterly, 53*(3), 463-508.

Diakopoulos, N., & Koliska, M. (2017). Algorithmic transparency in the news media. *Digital journalism, 5*(7), 809-828.

Dörr, K. N., & Hollnbuchner, K. (2017). Ethical challenges of algorithmic journalism. *Digital journalism, 5*(4), 404-419.

Jones, B., & Jones, R. (2019). Public service chatbots: Automating conversation with BBC News. *Digital journalism, 7*(8), 1032-1053.

Jung, J., Song, H., Kim, Y., Im, H., & Oh, S. (2017). Intrusion of software robots into journalism: The public's and journalists' perceptions of news written by algorithms and human journalists. *Computers in Human Behavior, 71*, 291-298.

Lee, S., Nah, S., Chung, D. S., & Kim, J. (2020). Predicting ai news credibility: communicative or social capital or both?. *Communication Studies, 71*(3), 428-447.

Tandoc Jr, E. C., Yao, L. J., & Wu, S. (2020). Man vs. machine? The impact of algorithm authorship on news credibility. *Digital Journalism, 8*(4), 548-562.

Yadamsuren, B., & Erdelez, S. (2011). Online news reading behavior: From habitual reading to stumbling upon news. *Proceedings of the american society for information science and technology, 48*(1), 1-10.

05

방송통신위원회 (2022, April 7). *2021년 사이버폭력 실태조사 보고서*. https://kcc.go.kr/download.do?fileSeq=53647

송한아 (2021). 중학생의 사이버불링 피해경험과 사이버불링 가해행동의 관계에서 공격성에 대한 규범적 신념의 매개효과. *한국산학기술학회논문지*, 22(12), 697-704. https://doi.org/10.5762/KAIS.2021.22.12.697

Ajzen, I. (1991). The theory of planned behavior. *Organizational Behavior and Human Decision Processes, 50*(2), 179-211. https://doi.org/10.1016/0749-5978(91)90020-T

Alhabash, S., McAlister, A. R., Hagerstrom, A., Quilliam, E. T., Rifon, N. J., & Richards, J. I. (2013). Between likes and shares: Effects of emotional appeal and virality on the persuasiveness of anticyberbullying messages on Facebook. *Cyberpsychology, Behavior, and Social Networking, 16*(3), 175-182. https://doi.org/10.1089/cyber.2012.0265

Bastiaensens, S., Pabian, S., Vandebosch, H., Poels, K., Van Cleemput, K., DeSmet, A., & De Bourdeaudhuij, I. (2016). From normative influence to social pressure: How relevant others affect whether bystanders join in cyberbullying: normative influence on cyberbullying bystanders. *Social Development, 25*(1), 193-211. https://doi.org/10.1111/sode.12134

Brody, N., & Vangelisti, A. L. (2017). Cyberbullying: Topics, strategies, and sex differences. *Computers in Human Behavior, 75*, 739-748. http://dx.doi.org/10.1016/j.chb.2017.06.020

Camerini, A.-L., Marciano, L., Carrara, A., & Schulz, P. J. (2020). Cyberbullying perpetration and victimization among children and adolescents: A systematic review of longitudinal studies. *Telematics and Informatics, 49*, 101362. https://doi.org/10.1016/j.tele.2020.101362

Chen, L., Ho, S. S., & Lwin, M. O. (2017). A meta-analysis of factors predicting cyberbullying perpetration and victimization: From the social cognitive and media effects approach. *New Media & Society, 19*(8), 1194-1213. https://doi.org/10.1177/1461444816634037

Chung, A., & Rimal, R. N. (2016). Social norms: A review. *Review of Communication Research, 4*, 1-28. http://dx.doi.org/10.12840/issn.2255-4165.2016.04.01.008

Chung, M., Jang, Y., Knight Lapinski, M., Kerr, J. M., Zhao, J., Shupp, R., & Peng, T.-Q. (2022). I do, therefore i think it is normal: The causal effects of behavior on descriptive norm formation and evolution. *Social Influence, 17*(1), 17-35. https://doi.org/10.1080/1553451 0.2022.2052955

Chung, M., & Lapinski, M. K. (2019). Extending the theory of normative social behavior to predict hand-washing among Koreans. *Health Communication, 34*(10), 1120-1129. https://doi.org/10.1080/10410236.2018.1461586

Cialdini, R. B., Demaine, L. J., Sagarin, B. J., Barrett, D. W., Rhoads, K., & Winter, P. L. (2006). Managing social norms for persuasive impact. *Social Influence, 1*(1), 3-15. https://doi. org/10.1080/15534510500181459

Cialdini, R. B., & Trost, M. R. (1998). Social influence: Social norms, conformity and compliance. In D. T. Gilbert, S. T. Fiske, & G. Lindzey (Eds.), *The handbook of social psychology* (4th ed., pp. 151-192). McGraw-Hill.

Cialdini, R. B., Reno, R. R., & Kallgren, C. A. (1990). A focus theory of normative conduct: Recycling the concept of norms to reduce littering in public places. *Journal of Personality and Social Psychology, 58*(6), 1015-1026. https://doi.org/10.1037/0022-3514.58.6.1015

Cohen, J. (1988). *Statistical power analysis for the behavioral sciences* (2nd ed.). Erlbaum.

Corkery, S. A., Curran, M. A., & Benavides, R. A. (2011). "Me" and "We": How expectant cohabitors talk about economic difficulty. *Journal of Human Behavior in the Social Environment, 21*(8), 978-994. https://doi.org/10.1080/10911359.2011.588541

Doane, A. N., Pearson, M. R., & Kelley, M. L. (2014). Predictors of cyberbullying perpetration among college students: An application of the Theory of Reasoned Action. *Computers in Human Behavior, 36*, 154-162. https://doi.org/10.1016/j.chb.2014.03.051

Domínguez-Hernández, F., Bonell, L., & Martínez-González, A. (2018). A systematic literature review of factors that moderate bystanders' actions in cyberbullying. *Cyberpsychology: Journal of Psychosocial Research on Cyberspace, 12*(4). https://doi.org/10.5817/ CP2018-4-1

Festinger, L. (1957). *A theory of cognitive dissonance*. Stanford University Press.

Fishbein, M., & Ajzen, I. (1975). *Belief, attitude, intention and behavior: An introduction to theory and research*. Addison-Wesley.

Fishbein, M., & Ajzen, I. (2011). *Predicting and changing behavior: The reasoned action approach*. Psychology press.

Gahagan, K., Vaterlaus, J. M., & Frost, L. R. (2016). College student cyberbullying on social networking sites: Conceptualization, prevalence, and perceived bystander responsibility. *Computers in Human Behavior, 55*, 1097-1105. http://dx.doi.org/10.1016/j.chb.2015.11.019

Hayashi, Y., & Tahmasbi, N. (2022). Psychological predictors of bystanders' intention to help cyberbullying victims among college students: An application of theory of planned behavior. *Journal of Interpersonal Violence, 37*(13-14), NP11333-NP11357. https://doi.org/10.1177/0886260521992158

Hellfeldt, K., López-Romero, L., & Andershed, H. (2020). Cyberbullying and Psychological Well-being in Young Adolescence: The Potential Protective Mediation Effects of Social Support from Family, Friends, and Teachers. *International Journal of Environmental Research and Public Health, 17*(1), 45. https://doi.org/10.3390/ijerph17010045

Jang, S. A. (2012). Self-monitoring as a moderator between descriptive norms and drinking: Findings among Korean and American university students. *Health Communication, 27*(6), 546-558. https://doi.org/10.1080/10410236.2011.617242

Kim, H. K., & Kim, Y. (2021). Protective behaviors against particulate air pollution: Self-construal, risk perception, and direct experience in the theory of planned behavior. *Environmental Communication, 15*(8), 1092-1108. https://doi.org/10.1080/17524032.2021.1944891

Kim, J., Namkoong, K., & Chen, J. (2020). Predictors of online news-sharing intention in the U.S and South Korea: An application of the theory of reasoned action. *Communication Studies, 71*(2), 315-331. https://doi.org/10.1080/10510974.2020.1726427

Kwan, G. C. E., & Skoric, M. M. (2013). Facebook bullying: An extension of battles in school. *Computers in Human Behavior, 29*, 16-25. http://dx.doi.org/10.1016/j.chb.2012.07.014

Lapinski, M. K., Rimal, R. N., DeVries, R., & Lee, E. L. (2007). The role of group orientation and descriptive norms on water conservation attitudes and behaviors. *Health Communication, 22*(2), 133-142. https://doi.org/10.1080/10410230701454049

Larson, R. B. (2019). Controlling social desirability bias. *International Journal of Market Research, 61*(5), 534-547. https://doi.org/10.1177/1470785318805305

Lenhart, A. (2007, June 27). *Cyberbullying*. http://www.pewinternet.org/2007/06/27/cyberbullying/

McEachan, R., Taylor, N., Harrison, R., Lawton, R., Gardner, P., & Conner, M. (2016). Meta-analysis of the reasoned action approach (RAA) to understanding health behaviors.

Annals of Behavioral Medicine, 50(4), 592-612. https://doi.org/10.1007/s12160-016-9798-4

Menesini, E., Nocentini, A., & Camodeca, M. (2013). Morality, values, traditional bullying, and cyberbullying in adolescence: Morality and values in cyber and traditional bullying. *British Journal of Developmental Psychology, 31*(1), 1-14. https://doi.org/10.1111/j.2044-835X.2011.02066.x

Nixon, C. L. (2014). Current perspectives: The impact of cyberbullying on adolescent health. *Adolescent Health, Medicine and Therapeutics, 5*, 143-158. https://doi.org/10.2147/AHMT.S36456

Oyserman, D., Coon, H. M., & Kemmelmeier, M. (2002). Rethinking individualism and collectivism: Evaluation of theoretical assumptions and meta-analyses. *Psychological Bulletin, 128*(1), 3-72. https://doi.org/10.1037/0033-2909.128.1.3

Pabian, S., & Vandebosch, H. (2014). Using the theory of planned behaviour to understand cyberbullying: The importance of beliefs for developing interventions. *European Journal of Developmental Psychology, 11*(4), 463-477. https://doi.org/10.1080/174056 29.2013.858626

Park, H. S., & Smith, S. W. (2007). Distinctiveness and influence of subjective norms, personal descriptive and injunctive norms, and societal descriptive and injunctive norms on behavioral intent: A case of two behaviors critical to organ donation. *Human Communication Research, 33*(2), 194-218. https://doi.org/10.1111/j.1468-2958.2007.00296.x

Pew Research Center (2018, September 27). *A majority of teens have experienced some form of cyberbullying.* https://www.pewresearch.org/internet/2018/09/27/a-majority-of-teens-have-experienced-some-form-of-cyberbullying/

Pew Research Center (2021, January 13). *The state of online harassment.* https://www.pewresearch.org/internet/2021/01/13/the-state-of-online-harassment/

Ranney, M. L., Patena, J. V., Nugent, N., Spirito, A., Boyer, E., Zatzick, D., & Cunningham, R. (2016). PTSD, cyberbullying and peer violence: Prevalence and correlates among adolescent emergency department patients. *General Hospital Psychiatry, 39*, 32-38. doi:10.1016/j.genhosppsych.2015.12.002

Rhodes, N., Shulman, H. C., & McClaran, N. (2020). Changing norms: A meta-analytic integration of research on social norms appeals. *Human Communication Research, 46*(2-3), 161-191. https://doi.org/10.1093/hcr/hqz023

Rimal, R. N., & Lapinski, M. K. (2015). A re-explication of social norms, ten years later. *Communication Theory, 25*(4), 393-409. https://doi.org/10.1111/comt.12080

Rimal, R. N., & Real, K. (2005). How behaviors are influenced by perceived norms: A test of the theory of normative social behavior. *Communication Research, 32*(3), 389-414. https://doi.org/10.1177/0093650205275385

Rudnicki, K., Vandebosch, H., Voué, P., & Poels, K. (2022). Systematic review of determinants and consequences of bystander interventions in online hate and cyberbullying among adults. *Behaviour & Information Technology*, 1-18. https://doi.org/10.1080/014492 9X.2022.2027013

Schultz, E., Heilman, R., & Hart, K. J. (2014). Cyber-bulling: An exploration of bystander behavior and motivation. *Cyberpsychology: Journal of Psychosocial Research on Cyberspace, 8*(4), 3. http://dx.doi.org/10.5817/CP2014-4-3

Schultz, P. W., Nolan, J. M., Cialdini, R. B., Goldstein, N. J., & Griskevicius, V. (2007). The constructive, destructive, and reconstructive power of social norms. *Psychological Science, 18*(5), 429-434. https://doi.org/10.1111/j.1467-9280.2007.01917.x

Shulman, H. C., Rhodes, N., Davidson, E., Ralston, R., Borghetti, L., & Morr, L. (2017). The state of the field of social norms research. *International Journal of Communication, 11*(0), 1192-1213. Retrieved from https://ijoc.org/index.php/ijoc/article/view/6055

stopbullying.gov (2021, November 5). *What is cyberbullying.* https://www.stopbullying.gov/cyberbullying/what-is-it

Thomas, H. J., Connor, J. P., & Scott, J. G. (2015). Integrating traditional bullying and cyberbullying: Challenges of definition and measurement in adolescents - a review. *Educational Psychology Review, 27*(1), 135-152. https://doi.org/10.1007/s10648-014-9261-7

Tokunaga, R. S. (2010). Following you home from school: A critical review and synthesis of research on cyberbullying victimization. *Computers in Human Behavior, 26*(3), 277-287. https://doi.org/10.1016/j.chb.2009.11.014

Vlaanderen, A., Bevelander, K. E., & Kleemans, M. (2020). Empowering digital citizenship: An anti-cyberbullying intervention to increase children's intentions to intervene on behalf of the victim. *Computers in Human Behavior, 112*, 106459. https://doi.org/10.1016/j.chb.2020.106459

Wang, M.-J., Yogeeswaran, K., Andrews, N. P., Hawi, D. R., & Sibley, C. G. (2019). How common is cyberbullying among adults? Exploring gender, ethnic, and age differences in the prevalence of cyberbullying. *Cyberpsychology, Behavior, and Social Networking, 22*(11), 736-741. https://doi.org/10.1089/cyber.2019.0146

Whittaker, E., & Kowalski, R. M. (2015). Cyberbullying via social media. *Journal of School Violence, 14*, 11-29. doi:10.1080/15388220.2014.949377

Willard, N. (2007). *Educator's guide to cyberbullying and cyberthreats.* https://education.ohio.gov/getattachment/Topics/Other-Resources/School-Safety/Safe-and-Supportive-

Learning/Anti-Harassment-Intimidation-and-Bullying-Resource/Educator-s-Guide-Cyber-Safety.pdf.aspx

Zhu, C., Huang, S., Evans, R., & Zhang, W. (2021). Cyberbullying among adolescents and children: A comprehensive review of the global situation, risk factors, and preventive measures. *Frontiers in Public Health, 9*, 634909. https://doi.org/10.3389/fpubh.2021.634909

06

강은주, 천성문 (2011). 집단영화치료 프로그램이 위기청소년의 정서 조절력과 문제행동에 미치는 효과 연구. [KYCI] 청소년상담연구, 23-46.

중앙일보 (2021). Secrets of Gen MS, https://koreajoongangdaily.joins.com/2021/09/23/opinion/fountain/Generation-MZ-Generation-MZ-voters/20210923190240759.html.

천정웅 (2000). 청소년 사이버일탈의 특성과 유형에 관한 연구. 청소년학연구, 7(2), 97-116.

Andreassen, C. S. (2015). Online social network site addiction: A comprehensive review. *Current Addiction Reports*, 2(2), 175-184.

Collin, P. (2008). The internet, youth participation policies, and the development of young people's political identities in Australia. *Journal of Youth Studies*, 11(5), 527-542.

Farmer, L. (2010). 21 st Century standards for information literacy. *Leadership*, 39(4), 20-22.

Gibson, W. (2019). Neuromancer (1984). In *Crime and Media* (pp. 86-94). Routledge.

Hall, G. S. (1905). *Adolescence: Its psychology and its relations to physiology, anthropology, sociology, sex, crime, religion and education* (Vol. 2). D. Appleton.

Hussain, Z., & Griffiths, M. D. (2018). Problematic social networking site use and comorbid psychiatric disorders: A systematic review of recent large-scale studies. *Frontiers in Psychiatry*, 9, 686.

Isman, A., & Canan Gungoren, O. (2014). Digital citizenship. *Turkish Online Journal of Educational Technology*-TOJET, 13(1), 73-77.

Katz, E. (1959). Mass communications research and the study of popular culture: An editorial note on a possible future for this journal. *Departmental Papers* (ASC), 165.

Kuss, D. J., & Griffiths, M. D. (2017). Social networking sites and addiction: Ten lessons learned. *International journal of environmental research and public health*, 14(3), 311.

McKenna, K. Y., Green, A. S., & Gleason, M. E. (2002). Relationship formation on the Internet: What's the big attraction?. *Journal of social issues*, 58(1), 9-31.

McLuhan, M. (1994). *Understanding media: The extensions of man*. MIT press.

Mossberger, K., Tolbert, C. J., & McNeal, R. S. (2007). *Digital citizenship: The Internet, society, and participation*. MIT Press.

Paeng, H. K. (2003). A study on depression, impulsiveness, avoidance and anxiety of Internet addicted adolescents. Master's Thesis, *Graduate School of Yeongnam University*.

Renee, H. (2010). Digital and media literacy: A plan of action. *New York: The Aspen Institute*.

Ribble, M. (2012). Digital citizenship for educational change. *Kappa Delta Pi Record, 48*(4), 148-151.

Searson, M., Hancock, M., Soheil, N., & Shepherd, G. (2015). Digital citizenship within global contexts. *Education and Information Technologies, 20*(4), 729-741.

Silk, J. S., Steinberg, L., & Morris, A. S. (2003). Adolescents' emotion regulation in daily life: Links to depressive symptoms and problem behavior. *Child development, 74*(6), 1869-1880.

Steiger, S., Harnisch, S., Zettl, K., & Lohmann, J. (2018). Conceptualising conflicts in cyberspace. *Journal of Cyber Policy, 3*(1), 77-95.

Strate, L. (1999). The varieties of cyberspace: Problems in definition and delimitation. *Western Journal of Communication* (includes Communication Reports), *63*(3), 382-412.

Turel, O., & Bechara, A. (2016). A triadic reflective-impulsive-interoceptive awareness model of general and impulsive information system use: Behavioral tests of neuro-cognitive theory. *Frontiers in Psychology, 7*, 601.

Turel, O., & Qahri-Saremi, H. (2018). Explaining unplanned online media behaviors: Dual system theory models of impulsive use and swearing on social networking sites. *New Media & Society, 20*(8), 3050-3067.

07

Bond, C. F., Omar, A., Pitre, U., Lashley, B. R., Skaggs, L. M., & Kirk, C. T. (1992). Fishy-looking liars: deception judgment from expectancy violation. *Journal of personality and social psychology, 63*(6), 969.

Buunk, A. P., & Gibbons, F. X. (2007). Social comparison: The end of a theory and the emergence of a field. *Organizational Behavior and Human Decision Processes, 102*(1), 3-21.

Dion, K. L., & Dion, K. K. (1987). Belief in a just world and physical attractiveness stereotyping. *Journal of Personality and Social Psychology, 52*(4), 775.

Ellison, L., & Munro, V. E. (2009). Reacting to rape: Exploring mock jurors' assessments of